ŒUVRES

DE F. RICHARD.

RECUEIL
DE POÉSIES

PATOISES ET FRANÇAISES

DE F. RICHARD,

PRÊTRE, EX-PRINCIPAL DU COLLÉGE D'EYMOUTIERS,
CHANOINE HONORAIRE, ETC.;

ET CHOIX
DE PIÈCES PATOISES

DE DIVERS AUTEURS LIMOUSINS.

« L'indulgente vertu nous parlait par sa bouche. »
MARMONTEL.

TOME SECOND.

LIMOGES,
F. CHAPOULAUD, IMPRIMEUR-LIBRAIRE,
PLACE DES BANCS, N° 9.

A L'OBA RICHARD.

Te que viâ de l'espri jusquanto au bou daus deis,
E que disiâ si be lou piti mou per rire,
Que t'à bien empluya tous momens delezeis!
Ente troubâ quàucu que sache mier eicrire!
Tu couneissiâ tobe toun potouei limousi
Qu'Hôraço e que Cesar couneissian lour leti.
Coumo tu virâ bien lo mindro foribôlo!
Quàu plosei de t'ôvi countâ 'no parabôlo!
Fau-quo flotâ quàucu? dau secre t'à lo cliàu;
Toutas tas porôlas soun douças coumo miàu :
E si fau s'eifeunî e fâ lo remountranço,
Sous to plumo lous mous coulen avec eizanço.
Dî tas chansous n'y en o que soun tro charmentas;
Quo n'ei pâ poussible de las mier eventâ.
Tout ce que tu disei ei prei dî lo noturo,
E quouaque n'ayè pâ bien choba mo lecturo,

La lecture du 1er volume des Œuvres de l'abbé Richard inspira à un des souscripteurs cette Epitre, que nous nous empressons d'offrir à nos lecteurs.

A L'OBA RICHARD.

I'ài vu, en lejissan toun diâtre de *Liaunou*,
Que tu sabei tre-bien countrufà lou Jantou...
  N'y en o, iau sabe be, qu'ausen de toun lingaje
Entre is beitiomen fàire un bodinaje ;
Que te fài-quo, Richard ? làisso-lous s'en mouquâ,
De n'en tan fà que te n'y o pâ vun dî lou câ :
Is veirian, si d'à foun is sobian quelo lingo,
Que tout ce qu'is disen ne vàu pâ vuno eipingo.
Is trouben qu'un ei fau d'emprimâ dau potouei,
E de tout quèu trobài is s'en fan 'n'eibotouei.
— Mâ perque doun bolià si grando renoumado
A quel autour peisan ? n'o-t-èu pâ de defàu ?
Se di-t-an quelo jen que ne coumpren pen piàu
Lo bèuta dau parlà, e que fài l'enteitado.
— Marjaure ! 'vei rosou : sur quo nous soun d'acor ;
Quiau libre, de segur, n'ei pâ sei quàuquo faùto :
Mâ trobe cependen que v'àutreis 'vei gran tor
De bolià à quel autour de si fors còs de pàuto :
Jomài l'home eici-bâ n'o re fa de parfe,
Dî sas meliours ôbras n'y o toujour quàuquo târo :
Un aurio bèu voulei bien doubâ ce qu'un se
Que quo sirio toujour lo meimo rinfanfàro.
Lous us mài, lous us min, se troumpen for souven ;
Mâ pertan quan un vèu dî tout ce qu'is disen
Que lou *boun* de bèuco surpasso lou *meichan*,
Perque tan caquetâ ? l'un ei tro eizijan.
  Lou jour qu'un te d'aute dau nivèu de lo boualio,
E que l'un te bolie 'no si bravo medalio,
Si l'un cregue, Richard, devei te lo dounâ,
Quo n'èro pâ, crèque, emper de las prunas ;

A L'OBA RICHARD.

Foulio be qu'un t'ogùei counegu bien copable
Per que l'un t'ôfriguesso un pri si honorable;
Car quis que foguèren toun eizamen à foun,
Si tu t'en suvenei, n'èran pâ daus couyouns;
Qu'èro daus jen d'espri, e noun pâ de lo cliquo :
Be couneissian-t-is bien lo fino retoriquo!
Làisso dire lous sos, toun libre o be soun pri;
Qu'un ne lou juje mâ quan un l'auro leji.
Lo jen que couneissen Virjilo, Hôraço, Homèro,
E tous quis grans doctours tan prônas sur lo tèro,
Diran-t-is que jomài is ne se sian troumpa
E que dî quis libreis n'y aye re de màu fa?
Bat! bat! que l'un dije tout ce que l'un voudro,
S'en fau bèuco, Richard, que tu siâ vun lourdàu :
Oui, iau te soutendrài pertout, tan que foudro,
Dovan quis que de te voudrian dire dau màu;
Dirài de las rosous que degu ne poudro :
Quèu que las creiro pâ siro un champolimàu.

L. R******.

CHANSOUS.

LAS VINIAS JOLODAS.

ER : *Deniá m'eiparniá lou resto.*

O RIBOTEURS, reveliâ-vous :
Helâ lo cruèlo journado !
N'y o-quo re de pû molhuroû ?
Ventre-bleu ! lo vinio ei jolado.
Maudi siâ-tu, seje de mài !
Au diable sio lo luno rousso !
Dau molhur nous soun soû lou fài.
Lou vinieirou per soun trobài :
Au n'espero pâ sur d'àutro pousso: *Bis.*

   Lou soulei, que vivífio tout,
Ve de coumblâ notro misèro.
Dau bouei tourtu, brancho e bourjou,
Toumben grilas dessur lo tèro.
Tout semblo countre nous arma :

CHANSOUS.

Bâcû tout-à'houro nous ôblido ;
Luno, soulei, ven e frimas,
Acoporeurs deichodenas,
Nous dounoran bientô lo pepido.

Oh ! ce que nous crebo lou cœur
E qu'ei per nous piei que jolado,
Qu'ei de veire l'acoporeur
S'eibandî sur quelo journado.
Au jauvi de notro aflicy,
Sur soun bide au pren lo courso ;
Au vài dî lou Bâ-Limousi,
En Perigor, aran lou vi,
Entrovâ notro soulo ressourço.

Bâcû, vou-tu que lous buveurs
Sian reduis à bèure à lo quouado,
Penden que lous acoporeurs
A Plutû balien lour aubado ?
Venjo tous autars, venjo-nous,
Eicouto au min notro prejeiro ;
Plaço dî de nouvèus bourjous
Tout lou vi qu'ei dî lours covous,
E nejo-lous tous dî lo rivieiro.

Ei vrài que nous van bien potî
Si nous fau metre à lo tisano.
Lous treis quars de nous van perî :
Ah ! deijâ notre tein se fano.
Mâ Bâcû ei tro eiveri
Per risquâ autars e puissanço.
Au foro, dî notre poï,

CHANSOUS.

Toumbâ de tout coûta lou vi.
Trinquan e bevan dî l'esperanço.

Tàu que sio per ane l'eico,
Engojan-nous à quelo tablo;
Bevan à tiro-lo-ligo
De quelo liquour delectablo.
Chantan bien hàu, chantan Bâcû,
E, per li fâ deibrî l'ôrelias,
Redoublan notreis ôremus,
Mâ si au ve nous virâ lou cû,
Mèran en beijan las boutelias.

Nou, nou, vivan per propojâ
Lo coufrieiro de lo riboto;
Bevan, quan nous faudrio engojâ
Tout jusqu'anto à notro culoto.
N'ei pâ di que sur notreis pas
Lou molhur sio en permonanço.
Si tàu que ve nous rançounâ
Poudio bien s'y cossâ lou nâ,
Quàu plosei de bèure en so soufranço!

Anen, omis, bevan tout ple,
N'oven 'gu 'no bouno nouvelo;
Fosan tintâ lou goubele,
Nargan l'encovèuso sequelo.
Notreis vesis ne manquen pâ
De quiau viei ju que rovigoto;
Lours viniobleis soun en eita,
Lou fre n'y o pâ fa de dega:
Nous pouren enguerâ fâ riboto.

CHANSOUS.

L'HUROUSO JARDINIÉIRO.

ER : *Ah! vous n'en venei.*

Iau sài 'n'hurouso jardinieiro,
E crese be qu'hor d'aciden
Iau possorài mo vito entieiro
Lou cœur joyoû, l'espri counten;
Dî Jocou i'ài trouba 'n'omi
  Si chàu, si pouli,
  Serviable, eiveri;
Iau lou vese per me chaque jour
  Uflâ soun omour.

 Au s'enten forço au jardinaje;
Sur l'aubrezo au se empèutâ.
Quan au iau fài, làuve l'oubraje,
E me plase à lou segoundâ.
Quan à lo quilio au vài plantâ,
  Sei jomài liniâ,
  Au se lo couniâ.
Lou courdèu ne li ser de re,
  Au vài toujour dre.

Re ne se per de ce qu'au planto ;
Tout pousso e douno daus jitous.
Dî l'hiver, quan au fài uno anto,
L'eicussou pousso daus boutous.
Dî l'oleo tout ei raclia,
  Toujour eicerba,
  Si be ratissa !
I'àime à lou veire en soun ratèu
  Dî quiau sendorèu.

Fau veire coumo au se deimeno
Quan l'envio li pren de bessâ ;
De lo tèro au fen lo coudeno,
Au semblo ne pâ se lossâ.
Sur so palo au o lou brâ loun,
  Viro lou gazoun,
  Entro jusqu'au foun;
Per fà quo dî notre cartier
  N'y o pâ soun porier.

Quan lou vese branlâ lo poumpo,
Lo se me pren, coure au boute ;
I'ài toujour pau que lo ne roumpo,
T'an au l'y vài de bouno fe.
Lou pistoun pousso avec eifor,
  L'àigo mounto au cor,
  A ple tudèu sor,
En cinq au chiei cos de coude
  Notre bac ei ple.

CHANSOUS.

Au àimo forço mo persouno ;
Iau me sài eitochado à se.
Troube mo fourtuno prou bouno :
Iau ne vole pâ d'àutre be.
Lou plosei me chotinlio eici ;
  Dau sei au moti
  Vive sei souci.
Quante lou cœur ei bien counten,
  Un o prou d'arjen.

CHANSOU.

Er : *L'omita vivo e puro.*

Moun cœur per mo barjeiro
Sen toujour un fe nouvèu;
Lo n'ei pa meisounjeiro,
Lo me deicrèubo lou sèu;
Per quelo pàubro pitito
Iau boliorio tout mous beis;
Per bien jauvî de lo vito, ⎫
De tout iau fau mous ploseis. ⎬ *Bis.*

Lous seis, à lo veliado
Quan me rende lou dernier,
Per trauquâ l'assemblado
Ne trobe pà moun porier.
D'obor mo jauno Maguito
Me paro un daus toboureis.
Per bien jauvî de lo vito,
De tout iau fau mous ploseis.

Tan qu'is juguen lo moucho,
Lo poulo au be lou berlan,
l'aprene de so boucho
Que sài soun tendre golan;

CHANSOUS.

Quan nous n'en van lo me jito,
Tout en risen, daus cos d'eis...
 Per bien jauvî de lo vito,
De tout iau fau mous ploseis.

 Quan deipei l'eicliarsieiro
Ne quite pâ lou trobài,
 M'eivi que mo barjeiro
Me viso trâ quàuque plài.
 Quiau souvenir ressuscito
Moun cœur jusqu'au bou daus deis.
 Per bien jauvî de lo vito,
De tout iau fau mous ploseis.

 Quan beve mo chopino,
Qu'ei toujour à so santa;
 Car degu ne devino
Lou for de moun omita;
 Soun noum au trobài m'escito,
Me charmo dî mous leseis.
 Per bien jauvî de lo vito,
De tout iau fau mous ploseis.

 Per hoquo mo meitresso
Ne me fài pâ ôblidâ
 De soludâ l'hôtesso
Châ qui nous souns couvidas;
 Sabe ce que lo merito,
Iau beve à ras goubeleis.
 Per bien jauvî de lo vito,
De tout iau fau mous ploseis.

CHANSOU.

Er : *O te que nous.*

Morioto, veiqui l'eicliarsieiro,
Lous jàus lo chanten tour-à-tour;
Tu ne sei jomài motinieiro
Per veire lo pouento dau jour;
    Vei lo Jonou
    Qu'ei ver lou pou,
Sas chatenias soun à lo cromolieiro;
    Vei lo Jonou
    Qu'ei ver lou pou,
Lo deijâ fa tout soun trin de meijou.

Touto filio qu'ei poressouso
Ne dèurio pâ 'vei de golan;
Lou pàubre einoï que l'eipouso
Po dire qu'au cour a soun dan.
    Quelo bèuta
    Qu'ovio flota
Prei dau trobài vài toujour molaudouso;
    Quelo beùta
    Qu'ovio flota
Lo bolioriâ per ce que l'o coûta.

Vivo lou ten de mo jaunesso;
Qu'eipingavo coumo un lopin;

CHANSOUS.

Iau troboliavo sei poresso,
Tan defòro coumo dedin.
 Notreis garçous
 Me disian tous
Qu'is me voulian chôsî per lour meitresso;
 Notreis garçous
 Me disian tous
Que s'is m'ovian, is sirian prou hurous.

N'èrio pâ per hoquo si folo
Coumo n'en vese de-moun ten;
Ni jomài ne fosio lo molo
Per coressas ni per presens.
 I'eimavo mài
 'Vei moun trobài
E moun hônour que de possâ per drolo;
 I'eimavo mài
 'Vei moun trobài
Que lo bèuta que nous quito e s'en vài.

Vài ninâ lou piti que puro,
Tan que te lumorài toun fe;
Iau crese, pàubro creoturo,
Que dau jour tu foriâ lo ne.
 Quan fau dansâ,
 L'un ne vèu pâ
Que lou dermî te bresse lo figuro;
 Quan fau dansâ,
 L'un ne vèu pâ
Que lou soumei te fase bolançâ.

CHANSOU.

Er *dau Menue-Coungo.*

Votreis sei châ de bravo jen,
Proufitâ doun bien à lour eicolo.
 I'au voudrio, per bien de l'arjen,
Sobei coumo vous lou rudimen.
 I'au vendrio juje de bour,
Mài belèu pourio pourtâ l'eitolo;
 I'àu vendrio juje de bour,
Mài d'enguèro un avouca de cour.

 Mâ, moussurs, quo n'ei pâ lou tout,
I'au sente moun mouli que s'empâto.
 Fosei-me tirâ moun pintou,
Lou beurài, si qu'ei de votre goû.
 Fosan petâ so santa;
Qu'ei tout à houro ce que mài nous flato;
 Fosan petâ so santa,
L'an plo prou fa qui tenei plantâ.

CHANSOU.

Er : *Quan Biroun vougue dansâ.*

A LO SŒUR SEŇ-PRIEI.

Queto ve qu'ei votre tour ;
Nous van chantâ quete jour :
Vivo notro sœur douyèno !
Qu'ei so feito que nous mèno.
  Re ne po nous tenei,
  Tan n'oven de plosei.

Quan un danso per quàucu
Que charmo per so vertu,
Pû lejer que peiro pounço,
Lou cor ne peso pâ 'n'ounço.
  Re ne po nous tenei,
  Tan n'oven de plosei.

Votre visaje risen
Nous fài dansâ gaïomen ;
Mas sœurs, qu'ei de quo que piàulo,
Dansan, fosan lo pingràulo.
  Re ne po nous tenei,
  Tan n'oven de plosei.

CHANSOUS.

Toutas per votre bounhur
Formen lou vœu lou pû pur.
Pàichei-vous, sei màu, sei peno,
Sauvâ loun-ten lo coudeno!
 Re ne po nous tenei,
 Tan n'oven de plosei.

Que sen Priei, votre potrou,
Defòro mài dî meijou
Vous prenie soû so tutelo,
Omijo châro e fidelo!
 Re ne po nous tenei,
 Tan n'oven de plosei.

Notras flours soun l'ôbesi,
Flôro fû lou Limousi;
Mâ notre cœur vous courouno,
Vous sei si jento e si bouno!
 Re ne po nous tenei,
 Tan n'oven de plosei.

Nous nous charmen de moyâ
Quelo que vau bien poyâ.
Votro redevanço porto
Uno fricàudo ridorto:
 Que lous ardilious
 Sian daus pû soborous.

CHANSOU.

Er : *Nous àutreis bouns vilojàus.*

V'ovei, per troumpâ l'espioun,
Cocha lou jour de votro feito;
 Fau que v'oyâ, tout de boun,
L'humilita d'uno meneito.
Moun cœur èro pertan joloû
De v'esprimâ sous vœus per vous;
I'ài fuma tan que v'ovei ri,
Mâ lo feito n'o pâ prescri.

 Votre potrou, dî soun ten,
Chantavo lo feito e l'octavo.
 I'ài cregu, dî quiau momen,
Que forio bien si l'imitavo.
Iau voudrio chantâ soun filiau;
Mâ m'y pecorài, n'ài bien pau;
Lou boun sen n'en siro daus fres
Au folio *stare cantores.*

 Vous n'aurei pâ de chanteur,
Mâ v'aurei 'no simplo chanteuso,
 Que vous respeto de cœur,
Qu'ei simplo, sei ètre floteuso.
Vous sei, coumo votre potrou,
Dau seniour un boun vinieirou.
Pàichei-vous troboliâ loun-ten
Sei màu, sei penas, sei turmen.

CHANSOU.

Er *de lo Pipo de Toba.*

V'eima votre be de campanio;
Chaque auseu troubo soun ni bèu ;
Per me, de joïo moun cœur banio,
Quan me vese di lou Rousèu.   *Bis.*
Re pû dau dehor ne me tento ;
Quel endre me plâ mài que tous,
E jomài ne sài pû countento
Que quan iau l'y sài coumo vous.   *Bis.*

Per bien deicrossâ mo peitreno
N'aurài pâ besouen de douas màis ;
Iau vous causorio tro de peno,
Tro d'emborâ, tro de trobài.
Coumo v'àutreis iau sài tranquilo ;
Perde de vudo tous mous màus :
Countentomen chasso lo bilo ;
Mài quiau proverbe n'ei pâ fàu.

Que lou boun Dy, que tout gouverno,
Fase durâ votreis momens,
Car vous sei tout coumo lo perno
De mous omis, de mous porens.
Si d'uno sœur hospitolieiro
Iau n'ovio pâ lo vococy,
Iau possorio mo vito entieiro
Prei de vous per inclinocy.

CHANSOU.

Er *de lo Foure-Negro.*

N'autras que soun sei pretency,
 Nous semblen lo viauleto,
Que, per eivitâ l'ei cury,
 Se cacho soû l'herbeto.
Lo n'ei pâ min (*bis*) pleno d'opas.
Eh! pàubro, nous n'en oven pâ!
Mà, Jan, dî notre cœur (*bis*) tout piàulo.
Au di mier (*bis*) que notro poràulo. *Bis.*

 Nous ne couneissen ni francei,
  Ni flours de retoriquo;
L'un n'enten mâ parlâ potouei
  Las sœurs de lo boutiquo.
Nous soun eici (*bis*), dî lous discours,
Simplas coumo èran lous pastours;
Mâ, Jan, dî notre cœur tout piàulo.
Au di mier que notro poràulo.

 Nous mayen un boun medeci
  Per gorî lo coucinço,
E nous feiten un boun omi,
  Qu'ei tout ple de pocinço.
N'aurian degu (*bis*), per quiau momen,
Limâ lou pû bèu coumplimen;
Mâ, Jan, dî notre cœur tout piàulo.
Au di mier que notro poràulo.

CHANSOU.

Er *de lo Foure-Negro.*

Treis sœurs que v'àimen tendromen,
    Bouno e dinio Marcelo,
Venen vous fà lour coumplimen
    D'uno omita fidelo.
Lour cœur ei fran (*bis*) coumo un duca,
Ni mài counstan e delica.
Helà! per fà brundî (*bis*) lo feito,
Voudrio 'vei (*bis*) lo voû lo pû neito. *Bis.*

    Marcelo, chacuno de nous
        Vous cheri, vous respeto.
Tout en disen dau be de vous
Notre cœur se deleto.
Nous l'y troben (*bis*) tan de sobour
Que qu'aribo cent ves dau jour.
Helà! per fà brundî lo feito,
Voudrio 'vei lo voû lo pu neito.

    Ah! vous fuguesso-t-èu permei
        De fouliâ dî notro âmo,

Vous lo veiriâ, châ toutas treis,
　　Per vous pleno de flâmo.
Lo se mante (*bis*) toujour entàu.
Ah! mèro, qu'ei d'hoquo fricàu!
Helà! per fâ brundî lo feito,
Voudrio 'vei lo voû lo pû neito.

N'oven trouba, maugra l'hiver,
　　Quàuquo flour eiparniado;
Mà nous vous mayen bèuco mier
　　De cœur et de pensado.
Notro omità (*bis*) fluri toujour,
Sei se ternî coumo lo flour.
Helà! per fâ brundî lo feito,
Voudrio 'vei lo voû lo pû neito.

CHANSOU.

Er *dau piti Mou per rire.*

Ah! planieï lou pàubre Panchei,
Que ne se pâ parlâ francei,
Pâ mài qu'uno boboïo.
Si faut-èu plo qu'aye moun tour,
Per poudei dire quete jour
   Lou piti mou,
   Lou brave mou,
  Lou piti mou de joïo.

 Vivei tan coumo Chotoune
A qui lo mousso crubigue
Lou partu de l'ôrelio.
Coumo lou vi chasso lou màu,
Deibouyan, queto Sen-Marçàu,
   De quiau boun ju,
   De quiau boun ju,
  De quiau ju de lo trelio.

 Pàichei-vous, toujour en santa;
Veire toujour votro meita

Bien fricàudo e bien leno!
Las màis n'an pâ souven poungu
De filias qu'ayan mài vagu :
  A lour bounhur,
  A lour bounhur,
 Bevan à tasso pleno.

A forço que sài rejauvi,
Moun cœur sàuto coumo un chobri,
E moun vi n'en petilio.
Ah! bevan tous, dî quiau momen,
De quiau boun ôli de sarmen,
  A lo santa,
  A lo santa
 De touto lo fomilio.

CHANSOU.

Er : *Moun pài èro po.*

Iau voudrio bien prou countentâ
    Touto quelo assemblado ;
Mâ iau ne sabe pâ chantâ ;
    D'aliour, sài enrumado.
      Mâ, si quo vous plà,
      Per vous countentâ,
    Au n'y o re que n'abounde,
    · Tan i'ài dau plosei
      D'ètre quete sei
    Coumo de brave mounde.

D'ètre coumo de bravo jen
    Me charme, me rovise ;
D'auvî parlâ hôneitomen,
    Qu'ei qui tout moun delice.
      Mâ de v'ôblijâ
      Iau voudrio troubâ
    L'ôcosy, vous proumete ;
      Car m'engojorio
      De ce que pourio
    Per un quàucu d'hôneite.

Per eimâ, rire e bodinâ
  Au n'y o pâ mo semblablo;
Mâ iau n'àime pâ me jeinâ,
  Sur-tout quan sài à tablo.
    De lo liberta
    I'àime lo bèuta;
  I'aïsse lo countrento.
    Dire cliaromen
    Tout moun pensomen,
  Qu'ei ce que me countento.

PEÇAS DIVERSAS.

EIPIGROMAS.

—

Un medeci domandavo à lo gardo
 D'un molàude qu'èro for eichaufa :
Vài-quo, Susoun? Trè-bien, reipoun lo goguenardo,
 Mài soun ventre s'ei deipoufa.
— Visan doun coumo qu'ei. Lo porto ver so boucho :
Qu'ei boun, di-t-èu, quo vau die milo frans.
 Si moun molàude se deiboucho,
 Si Dy plâ, nous lou goriran.
 Per me ne sài pâ lechodieiro,
 Repar-lo, vous balie mo par :
 Sài d'enguèro min usuriciro,
 Vous cède lou tout per un liar.

Me sài brisado lo cervelo!
S'eicrede lo Jouou que venio de toumbâ.
Soun home li reipoun : Tan mier! bouno nouvelo!
Cresio que tu n'en oviâ pâ.

L'eimorio tan ètre vicari,
Disio 'no filio à so meitresso,
Vous credâ toujour, ari, ari;
Trote châ vous coumo uno anesso;
— Vicari? quàu molhur! — Sio be : mo coundicy
Domando que vous sio soumeso.
Vous podei coumandâ, groundâ dî l'ôcosy,
Sei qu'aye lo mindro represo.
Mâ qu'ei be piei quan un cure
Viso quiau que lou represento
Coumo si qu'èro soun baude.
Lo coundicy n'ei pâ plosento.

REFLECYS.

Iau quitei lous Pelàus, pàubre moleficia,
E foguei dî lo Reglio un ôre novicia.
Is me fan deilujâ. Troube 'no bouno plaço.
En venden dau leti moun interdi se passo.
Un demoun enroja, per fà mo professy,
Me renvouye bientô à lo Visitocy.
Lo liberta per me ne 'navo mâ d'uno ancho :
Lo me risio souven; mâ lo n'èro pâ francho.
Lo nocy me deibrido e làisso lou liocau;
Soun fouei leva sur me, lo me fài toujour pau.
Lo ne m'ôblide pâ quan iau fuguei defôro;
Lo me bore treis meis dî mo propo demôro.
Lou boun Dy m'o permei de supourtâ lou fài,
Tout infirme que sài, pû jauviàu que jomài.
Aprei 'vei coumerça cinq ans sur lo grammèro,
I'ài channia de boutiquo e coumerce d'enguèro.
Maugra tout moun trobài, moun peliou se counfoun,
Las grifas dau molhur l'an chova jusqu'au foun.
Ne pode deijâ pû coure lo picoureo;
A moun cor cussouna lo mor fài lo pipeo :
Iau lo vese qu'aprocho armado de soun dar,
E me môtro las dens dessoû soun nâ comar.

Prêtre insermenté, l'auteur fut persécuté dans la révolution. Enfermé dans les maisons de détention de la Visitation et de la Règle, il y composa cette pièce.

COUMPLIMEN

A M. RICHARD, FRAI DE L'AUTOUR.

Que Dy sio cen! iau sài doun ariba;
 Moun archo, sài presque creba.
 Coumo quelo jaunesso troto!
 Mài lous violouns, mài lo barboto,
Coumo quo brun! — Drôle, pren quiau penier,
 Porto-lou dî lou poulolier.
— Fuguessan-t-is meliours, quan dèurio poyâ pinto!
 — Vài, sei me tâ tirâ l'eiquinto,
 Lo te poyorio de boun cœur.
 — Moussur, sài votre serviteur.
 Touto quelo jauno meinado
 Soun vengus, queto motinado,
 Me dire : Sabei-tu, Jantou,
Que qu'ei ane lo feito dau potrou?

Ce compliment fut prononcé le jour de la fête de M. Richard, frère de l'auteur, professeur à Eymoutiers, par un écolier vêtu en paysan, portant deux poulets. Il était précédé par deux musiciens et suivi des élèves du collége.

De quèu-d'oqui que nous deimôtro?
Pardin-trâ, moussur, sài lo vôtro.
Lour ài di : Que fosei-vous qui?
Courei li fà poyâ dau vi.
Pourtà-li lou bouque, fosei brundî so feito.
Ventro! qu'ei 'no persouno hôneito,
Per qui me fendrio per mitan.
Helâ! si qu'èro coumo antan,
Moun presen n'en vàudrio lo peno.
Notro ponieiro èro râ pleno
De bous froumajeis retournas;
Que v'aurian embauma lou nâ.
Mâ, per molhur, à queto annado
Nous n'oven pâ fa de burado;
Notras vochas n'an pâ de la.
Teito d'un! n'en sài desoula.
Mâ pourtorài, valio que valio,
Douas bounas peças de voulalio,
Quis doux pouleis dau mei d'obry,
Qu'ài toujour nuris de blody.
N'ài pâ ?gu lâcha lo poràulo
Qu'en sautan, fosan lo pingràulo:
Se-nous, m'an-t-is creda. — Sambouei, si vous segrài!
Mài sabe ce que li dirài :
« Moussur, en un mou coumo en milo,
» l'ài lou cor fa coumo à lo vilo,
» Tanbe que ne sio qu'un peisan:
» Lou porte-iau pâ, sio disan,
» Coumo quis moussurs opulans,
» Que se quaren, uflen lour panso,

» D'ovei tout l'eime de lo Franço?
» Mâ qu'ei un perpàu routinier;
» Nous soun fas dau meimo mourtier.
» De bèus mous de francei qu'is limen à lour guiso,
» De grans solus; mâ de franchiso,
» Qu'ei, Dy marcei, tropâ-l'y vous,
» Vous toumborei sur daus boueissous.
» Iau sài fran coumo 'n'arboleito :
» Ne jite pâ l'àigo beneito
» Coumo lo jito un gran seniour
» A tous quis que li fan lo cour;
» Mâ vau dre coumo 'no guliado.
» Mo fe, votro feito ei chaumado
» Coumo au fau dî tous notreis cœurs.
» Toundus sian-nous si nous soun daus menteurs!
» Mâ quis moussurs m'an parla d'uno chàuso;
» Iau n'àuse pâ;.... mâ meur de fam qui n'àuso.
» En un mou, lo veiqui, bolià-lour quàuqueis seis
» Per mountâ sur notreis sirieis.
» Touquâ lo mo, sàu votre hônour. »
Eh be! pitis, troubâ-n'en un meliour.

INSCRICY PER UN CEMENTÈRY.

Possan, lou sor eici nous boueiro sei nous triâ :
  Lou pàubre coumo lou poueissan.
 Tu sei viven, ne t'en quarâ pâ tan ;
Per purî coumo nous à toun tour tu vendrâ.
Belèu, lo mor te gàito, e tu n'y pensâ pâ.

REFLECY DE L'AUTOUR.

Per mei, m'ei 'vî deijâ veire chobiâ moun crô
Per l'y metre bouniâ e mo char o mous os.
  I'atende que lou corbiliar
  Venie chariâ Francei Richard.

POESIAS SOCRODAS.

NODAU

SUR LO NEISSENÇO DE JEISU-CRI,

TRODUCY LIBRO DAU TOULOUSEN.

Quau bru dedin lou cèu!
Re de tan bèu.
Qualo musiquo!
Quitan notreis troupèus,
Junian-nous aus anjeis;
A lours divins councers que tout se rejauvisso;
Lou Dy tan atendu,
Tan atendu,
Tan atendu,
Ve per notre solu
Tan atendu,
Ve per notre solu.

Enviroun mieijo-ne,
Sei fe ni le,

NODAUS.

Dî uno eitable
Ei nâcu pàubromen d'uno Vierjo jozen.
L'eice de soun omour
L'o rendu miserable,
Anen, sei pû tardâ,
Sei pû tardâ,
Sei pû tardâ,
Tretous per l'adorâ,
Sei pû tardâ,
Tretous per l'adorâ.

Lou fî de l'Eiternel
Quito lou cèu,
Ve dî lo cràicho
Cherchâ lou pechodour,
Li pourtâ soun pardou.
Admirâ soun omour, que sei parlâ nous pràicho.
Anen, sei pû tardâ, etc.

Dî soun humilita
Qualo bèuta!
Qu'ei adorable.
L'eita dau pechodour
Fài touto so doulour.
Tout inoucen qu'au ei, au payo per coupable.
Anen, sei pû tardâ, etc.

Regardo soun eita :
Au fài pieita.
Qualo misèro!
A qu'ouei pèr toun pecha

Qu'au ei dî lo pàubreta ;
A qu'ouei à tas possys qu'au ve per fâ lo guèro.
Anen, sei pû tardâ, etc.

Recouneisse moun tor ;
Ah ! que moun sor
Ei deplorable
D'ovei tan obusa
De votro chorita !
Oh ! per me rendre huroû vous sei dî l'esclovaje !
Anen, sei pû tardâ, etc.

Moun Dy, tout pieito doueis,
A doux jonoueis
Iau vous adore.
Sài un gran pechodour :
Oyâ pieita de nous :
De tan d'iniquitas de regre iau me mère :
Ah ! perqu'ài-iau pecha ?
Ai-iau pecha ?
Ai-iau pecha
Countre un Dy tout bounta ?
Ai-iau pecha
Countre un Dy tout bounta ?

Vous sei moun creatour,
Moun redemtour,
Moun pài tout tendre ;
Iau sài un criminel,
Lou fî lou pû cruel.
A votreis sens desirs enfi vole me rendre ;

Channiâ, channiâ moun cor,
Channiâ moun cor,
Channiâ moun cor,
Vous sirei moun tresor;
Channiâ moun cor,
Vous sirei moun tresor.

Counfu, deisespera,
Lou cor brisâ,
M'aneantisse :
Lou pecha vous deplài,
N'y tournorài pâ mài.
Pùtô que d'y tournâ, sufrî milo supliceis,
Pardou, moun Dy, pardou,
Moun Dy, pardou,
Moun Dy, pardou
Au pàubre pechodour;
Moun Dy, pardou
Au pàubre pechodour.

NODAU.

Barjers, vous mouquâ-vous de Dy
E de lo sento proucessy?
N'ovei-vous pâ auvi l'aubado
Qu'uno Vierjo s'ei acouchado?
Vouei! perque tardâ-v'àutreis tan
A 'nâ veire quiau bel efan?

   Aussitô que lou jour porei,
Is prenen lours pitis mireis,
Se debarbien jusquo las silias,
Jiten lài lours vieilias guenilias;
Is sorten en lours hobis niaus,
Revelias coumo daus sinsaus.

   Is s'assemblen coumo eitournèus,
Parlen, visen de lours debèus,
De lours fennas, de lours meinajeis,
De las filias de lours vilajeis,
Daus chopèus gris, daus retroussas,
Daus garçous lous mier linchaussas.

   Que fan quis droleis coumponious
Per n'ovei pâ lous pes fonious?

Is prenen de grandas boutinas,
Que mounten treissio lours molinas,
En d'un fissou dorei lou pe
Per fà troutiniâ lou bide.

Lous àutreis venen per dorei
En de bous batous d'ogrofei.
Is disen mài fan, fringo, fringo;
Per n'àutreis 'ven moulia lo lingo.
Nous soun daus droleis revelias,
Que n'an jomài lous pes moulias.

Lo coumponio pren lou rejen
Per fà quiau prumier coumplimen.
L'un po dire sei foribolo
Que n'y o pâ meitre d'eicolo
Que li pràitesso lou coule
Per fà quiau co de pistoule.

Admiran quiau piti sóulei,
Las larmas lour toumben daus eis.
Touto lo coumponio se charmo,
Embrassen, bàijen quiau pàubro armo;
E chacun dau fin foun dau cœur
Li fan trè-humble serviteur.

NODAU.

Pastours, à bèus quatre sàus
Courei veire Nodàu;
Vous n'en veirei dî uno eitable
Un Dy efan que mer de fre;
Au n'o pâ soulomen de fe
Per li metre soû se.

Vous veirei soun pài, so mài,
Que soun en gran eimài,
Tremblen coumo lo felio en l'àubre;
Is n'an ni brocho, ni sarmen;
Is n'an pâ de po soulomen
Per metre soû las dens.

Is ne saben ente onâ,
Ni quàu vesi sounâ.
Ente bolioran-is de lo teito?
Is vesen pertout dau danjer;
Is n'an pâ lou piti denier.
Pourtâ-lour-n'en, barjers.

Veiqui venî à chovàus
De braveis Limoujàus,

NODAUS.

Charjas de bure, de froumaje,
De po, de vi, d'un onièu gras,
E l'efan lour fài de las mas
    Sinne d'onâ soupâ.

Sitô qu'is an tâta d'au vi,
    Is parlen de Davi,
E lou pû soben de lo troupo
Lour ve dire que quel efan
Ei vengu d'un rei si poueissan,
    E nâcu de soun san.

Is counten quiau brave tour
    Que Davi fogue un jour :
Golia, quiau gran persounaje,
Li disse : Piti marmouze,
Te forài, en moun piti de,
    Virâ coumo un bruze.

En toun bâtou, piti fau,
    Cresei-tu me fà pau ?
Si vau prenei mo pertusano,
Lo te metrài trover lou cor,
E, aprei que tu sirâ mor,
    Te jitorài aus pors.

Aube, en moun coutelar,
    T'âchorài coumo un lar ;
Te forài voustiâ dî las nibleis,
Te forài minjâ aus ausèus :
Is t'auran à pitis mourcèus,
    Pàubre piti rousèu.

Davi li di : Filistin,
   Te cranie pâ un pin ;
Ne cranie pâ mài toun eipeo
Que l'àigo que cour per lou ry ;
Mouyenan l'àido de moun Dy,
   T'auràì mor au vy.

Visâ quiau piti efan,
   Se disse lou Jean.
Iau te metrài tout en poussieiro,
Que jomài che n'en joporo.
Lou prumier ven que foro
   D'obor t'empourtoro.

Davi li di : Per mo fe,
   Tu perdrâ toun coque.
Iau forài minjâ to cervelo
A notreis chas, à notreis cheis :
Las fennas prendran lou plosei
   De te rochâ lous eis.

Davi pren, sei pû tardâ,
   Treis peiras dî sas mas.
Au n'en me uno dî so froundo,
Au li fài fà treis quatre rouns,
Li rifle per lou miei dau froun,
   L'eitende de soun loun.

M'armo ! qui fugue monia ?
   Quo fugue Golia.
Davi l'y cour, li pren soun sabre,
Li coupo lou cau sur-lou-chan.

NODAUS.

Las fennas l'y van en dansan,
 En fringan, en sautan.

D'àutreis, qu'èran daus couquis,
 Dissèren que Davi
N'èro mâ rei de lo Judeo :
Mâ quiàu-d'oqui ei notre Dy ;
Fosan-li milo soumissys
 E milo adorocys.

Mâ auro qu'ouei prou parla.
 L'efan ei tout jola ;
Soun pài li lumo un pàu de palio ;
So mài li chàufo un bourossou.
Lo li di : Moun omi, chou, chou,
 Nous lous metren dejous.

Aprei soupâ lous pastours
 L'adoren tour-à-tour.
Lous uns li van fâ lo coulado,
E li disen, tout en puran :
A Dy siâ, pàubre boun efan,
 Fosei-vous vite gran.

En risen un pàubre viei
 Li porte un reibeinei.
Au li ri, au li souno,
Lou coresso e fài lou fau ;
Au li fài minou, minou, miàu,
 En ninan soun berçàu.

NODAUS.

Avan de nous n'en onâ,
Au li fau tout dounâ.
Gran Dy, nous v'ôfren cor e armo,
Tèras, meijous, troupèus e beis,
Nous n'en van, Dy daus ploseis,
Countens coumo daus reis.

NODAU.

Barjers, lou pû bèu jour nous ve,
 N'en vese l'eicliarsieiro.
Tan be que ne sio pâ miei-ne,
 Seloun lo pousinieiro,
Lou levan presento à moun ei
 'No lumieiro si belo,
Que crese que nous van sobei
 Quàuquo hurouso nouvelo.

Lous profetas nous 'vian plo di
 Que n'aurian un Messìo
Que forio dau serpen màudi
 Areitâ lo furìo.
Ah ! si qu'èro quiau doû momen !
 Quàu bounhur sur lo tèro !
Nous veirian chobâ prountomen
 Touto nòtro misèro.

Sei barjiniâ reveliâ-vous :
 Qualo belo musiquo !
Preitâ votro ôrelio à lo voû
 De lo troupo anjeliquo.

NODAUS.

Is chanten lo divinita
    Mài so touto-puissanço;
L'Eiternel, ple de chorita,
    Coumblo notro esperanço.

Braveis barjers, prenei dau cœur,
    E partan tout de suito.
Au ve de nous nàitre un Sauveur
    Que nous balio lo vito.
Per 'nâ fâ notro devoucy,
    Possan per l'eicoursieiro.
Au vau que notro adorocy
    Sio lo belo prumieiro.

Veiqui doun quiau pastour nouvèu
    Que notre cœur desiro.
Coumo au sufro per soun troupèu!
    Qu'ei per se qu'au soupiro.
Ah! nous n'atenden pâ de se
    Ni grandour, ni richesso;
Mâ qu'au nous balie per tout be
    L'omour de lo sojesso.

Divin Sauveur, que sèi nâcu
    Dî lo grando frejuro,
Doun lou pàubre cor ei tout nu
    E coucha sur lo duro,
Fosei foundre per votre omour
    Lo gliaço de votro âmo;
Fosei-nous brulâ de l'ardour
    De votro sento flâmo.

NODAUS.

PER LOU TEN DE NODAU.

Er : *Oui, i'àime à bèure me.*

Barjers, reveliâ-vous,
   Lo luno ei superbo;
Fài si cliar que lous moutous
   Vesen chôsî lour herbo.
Fài si brave per lous chans
   Que lou roussiniau chanto,
Mài sous ers soun si touchans
   Que soun fredoun m'enchanto.
Barjers, etc.

Lous espris bienhurous
   Disen per nouvelo
Qu'un efan nâcu per vous
   A soun berçàu v'apelo.
Onan veire quiau Sauveur
   Que Dy lou pài envoyo
Per menâ dî votre cœur
   L'esperanço e lo joïo.
Lous espris, etc.

NODAUS.

Vous trouborei lo mài
   Lo Vierjo Morio,
Qu'ei tendro l'un ne po mài
   Per quiau diven Messìo.
Lo vèu quiau Dy de bounta,
   Quiau Sauveur adorable,
Sufrî dî lo pàubreta,
   Dî lou couen d'uno eitable.
Vous trouborei, etc.

   Barjers, chantan soun noum
      Sur notro chobreto ;
Que l'eico reipounde au soun
   D'uno voû cliaro e neto.
Per qu'au nous deliàure tous,
   Publian so victôrio.
Que l'univer coumo nous
   Celebre so memôrio.
Barjers, etc.

   Entran, braveis pastours,
      Veire notre meitre,
Per lou Seniour daus seniours
   Onan lou recouneitre.
Si quiau gran Dy ve sufrî,
   Pàubre! dî lo misèro,
Au nous apren à fujî
   Lous ploseis de lo tèro.
Entran, braveis, etc.

   Reniâ sur nous, Jeisu,
      Victimo inoucento,

Lous demouns soun counfoundus;
  Nous n'oven pû de crento.
Remplissei, Dy de bounta,
  Lous cœurs de votro flâmo;
E foundei per chorita
  Lo gliaço de notro âmo.
Reniâ sur, etc.

  Renounçan aus ploseis
    Per touto lo vito.
A meiprisâ lous faus beis
  Un Dy pàubre v'invito.
Nous meten en vous, gran Dy,
  Touto notro esperanço,
Siâ notro counsolocy;
  Nous soun pleis de counfianço.
Renounçan, etc.

NODAU.

Er : *Sài counten quan lo noturo.*

Ah! barjers, qualo eicliarsieiro
Ve dau coûta dau Levan!
Jomài n'ài vu lo porieiro
Per 'vei l'eiclia pû brilian.
Dau roussiniau que fredouno
Lou doû romaje m'eitouno;
Me rovisse de soun chan. *Bis.*

Tout ei mor dî lou vilaje,
Tout der de bouno sobour.
Barjers, qu'ei pertan doumaje,
Quo fài cliar coumo lou jour.
Lou bienhuroû que v'apelo
Vous fài par d'uno nouvelo
Que dèu vous remplî d'omour.

Braveis pastours, pû de guèro,
Tout l'enfer ei counfoundu :
Per reprimâ so coulèro
Votre Sauveur ei nâcu.

NODAUS.

Quiau Sauveur ple de cliomenço
Nài, per lovâ notro ôfenso,
Dî lo misèro e tout nu.

A votre Dy rendei glôrio,
Beneisissei soun sen noum,
E celebrâ lo victôrio
Qu'au ganio sur lou demoun,
Nous di quelo voû charmanto
Que dî lou hàu dau cèu chanto
E tundi dî lou voloun.

Homeis que, pleis de coucinço,
Sei de bouno voulounta,
Couraje, prenei pocinço,
V'aurei lo tranquilita.
Deijâ quiau Sauveur eimable,
Per v'ètre min redoutable,
Cacho so divinita.

Per sauvâ lo creaturo,
Lou fì de Dy pren un cor.
Dau pài lo lumieiro puro
Nài soû quis febleis dehors.
A lo creicho ente au soupiro
Voulâ, qu'ei vous qu'au desiro ;
Moutrâ lous pû dous transpors.

Partan, prenian notro houleto,
Quitan tout per notre Dy.
Chantan sur notro chobreto

NODAUS.

Daus ateis d'adorocy,
E fosan en so presenço
Proumesso d'ôboïssenço
E de l'omour lou pû vy.

O Jeisu, que, per tendresso,
Nàissei per nous sauvâ tous,
Daus ploseis, de lo richesso,
Per jomài deitochâ-nous.
Votro counduito nous môtro
Qualo dèu ètre lo nôtro,
Qu'ei de tout quitâ per vous.

NODAU.

Er : *Charmanto boulanjeiro.*

Barjers, vivo lo joïo!
Dy lou fî nài per nous.
Dy soun pài nous l'envouyo
Per nous deliaurâ tous.
Lous homeis sur lo tèro
De bouno voulounta
Viauran, louen de lo guèro,
Dî lo tranquilita.

  Uno belo musiquo
Fài retentî lou cèu,
E lo troupo anjeliquo
Chanto un nodàu nouvèu.
Au soun de lo chobreto
Chantan à notre tour
Lou sen noum que repeto
Quelo celesto cour.

  L'autour de notro vito,
Dî soun pàubre soumei,

NODAUS.

N'o pâ 'no quito peiro
Per li servî d'opouei.
Oyan per so tendresso
Lou pû juste retour;
Meiprisan lo richesso,
Sufran per soun omour.

Couran en dilijenço
Veire quiau doû Sauveur.
Que so sento presenço
Remplisse notre cœur.
Que lo chasto Marìo
E Jose, soun eipoû,
Fosan que quiau Messìo
Dàinie nàitre dî nous.

Dau Seniour que s'opràimo
Deibloyan lous chomis.
Quiau divin Sauveur àimo
Qu'is sian bien aplonis.
Deireigran de notro âmo
Tous lous pechas mourtàus,
Per que so sento flâmo
Gorisse notreis màus.

Qu'èro ce qu'anounçavo
Sen Jan, soun precursour.
De Jeisu qu'au moutravo
Au disio ple d'ardour :
« Veiqui l'Onièu sci tacho
» D'un Dy de chorita,

» Qu'àuto jusquo lo racho
» De notro iniquita. »

Bolian-li per eitreno
Daus cœurs dinieis de se.
Que notro âmo sio pleno
De lo pû vivo fe.
Lous fàus ploseis dau mounde
Nous separen de Dy.
Que notre espouar se founde
Sur quis dau porody.

NODAU.

Fr : *Souvenei-vous en.*

Barjers, quàu councer nouvèu
Vene d'auvî dî lou cèu !
Lous anjeis m'an revelia :
    Chantan *gloria....*   Bis.
Nôtre Sauveur ei nâcu;
Veiqui lou boun ten vengu.

  N'oven doun quiau Dy poueissan
Doun is nous parlovan tan,
Quel efan si desira !
    Chantan *gloria....*
L'anje di, dî quiau momen,
Qu'au repàuso à Bethleem.

  Barjers, partan de boun cœur
Per veire quiau doû Sauveur ;
Lauvan, lauvan so bounta,
    Chantan *gloria....*
Prenian notreis flojouleis,
Lo chobreto e lous hauboueis.

NODAUS.

En chomi, pleis d'afecy,
Parlan daus bienfas de Dy.
Qual eice de chorita!
    Chantan *gloria*....
Soun fì, per nous sauvâ tous,
Se fài home coumo nous.

Si lou molhuroû Adam
Minje lo poumo à soun dam,
Di l'Eiternel irita,
    Chantan *gloria*....
Jeisu calmo lo furour
En s'ôfren per redemtour.

D'uno mài Vierjo lou frui
Terasso lou serpen màudi.
Au o lou crâne brisa.
    Chantan *gloria*....
L'enfer fremi queto ne
De coulèro e de deipie.

Verbe, fì de Dy lou pài,
Qu'ei doun qui votre polài!
Vous l'y sei tout san-jola :
    Chantan *gloria*....
Vous n'ovei re, poueissan Rei,
Que sei dau mounde l'opouci.

Helà! inoucen Onièu,
Votre eita nous fài deigrèu.
Nous jemissen de pieta :
    - Chantan *gloria*....

Po-t-un ne pâ s'atendrî!
De vous veire tan sufrî.

Jeisu, soû quiau cor mourtàu,
Vous sei victimo dau màu,
Sauveur ple d'humilita!
    Chantan *gloria*....
Nous renouncen per toujour
Aus ploseis, à las hônours.

Nàissei dî nous, ô Sauveur!
Qu'à jomài dî notre cœur
Votre sen noum sio grova:
    Chantan *gloria*....
Au fî, qu'ei tout beneisi,
Au pài coumo au Sen-Espri.

NODAU.

ER : *Romounâ qui, romounâ lài.*

UN BARJER.

Tan que tout soumelio
Dî notreis cantous,
    Moun cœur velio,
Ah ! quàuquo mervelio
S'ôpero per nous.
    Sài si counten,
    Qu'à tout momen
    Quo me revelio.
    Di mo visy,
    Que ve de Dy,
    Tout ei cury;
Moun âmo ei charmado;
Eimable barjer,
    Dî lo prado
Vài fà lo virado
Sei aucun danjer.

2ᵉ BARJER.

L'omi, que lo luno ei cliaro !
Dirià que qu'ei lou soulei.
Lo lumieiro lo pû raro
Tout-à-houro m'eiblôsi l'ei.
    A lo miei-ne
    Lou jour nous ve.
Ah ! quàu bounhur Dy nous preparo !
Coumponious, ne me troumpe pâ :
Tous notreis molhurs van chobâ.
Deijâ, dî moun huroû transpor.,
Iau beneisisse notre sor ;
Nous siran sàuveis de lo mor.

3ᶜ BARJER.

Oui, lo profecio
Vài se decliorâ.
    Lou Messio
    De lo tirannio
Vài nous deliaurâ.
    L'enfer jemi,
    Sotan fremi
    Dî so furio.
    Tóut ei bien vrài ;
    Glôrio à jomài
    A Dy lou pài.
Dy ! qualo cicliarsieiro !
Visan so bèuta,
    So lumieiro :

NODAUS.

Lo campanio entieiro
Brilio de cliarta.

4ᵉ BARJER.

Dy ! qualo belo musiquo
L'un enten au hàu dau cèu!
Deijâ lo troupo anjeliquo
Chanto un cantique nouvèu :
« Acourei tous,
» Crèdo uno voû :
» Un Dy vous nài, nouvelo uniquo;
» Au vau, quel eimable Sauveur,
» Versâ lo pa dî votre cœur.
» Vous veirei l'efan e lo mài,
» Que soun dî lou pû gran eimài.
» 'No granjo lour ser de polài . »

5ᵉ BARJER.

Prenian notro houleto,
Partan de boun cœur.
Qualo feito !
Sur notro chobreto
Chantan quiau Sauveur.
Hâtan lou pâ :
Ne làissan pâ
So maî souleto.
Quiau pàubre efan,
Qu'ei si poueissan,
Enduro tan !
Lo recouneissenço

Dèu nous ouimâ.
So neissenço
Nous ren l'inoucenço :
Qu'ei bien nous cimâ !

TOUS ENSEMBLE.

Nous veiqui doun dî l'eitable !
Gran Dy, qualo pàubreta !
Si vous sei tan miserable,
Qu'ei per notro iniquita.
De votre omour,
De votro ardour
Embrâsâ-nous, Sauveur eimable.
Helâ ! nous sirjan molhurous
Sei votro chorita per nous.
Prenei notre cœur per presen.
Rendei-lou si recouncissen,
Qu'au v'àime toujour tendromen.

NODAU.

Er : *Nous soun eici au char denier.*

Anen, barjers, fourman un cœur,
De Dy celebran lo memôrio ;
A l'hônour dau divin Sauveur
Chantan un cantique de glôrio.
Sur lo chobreto, sur l'haubouei,
Chantan daus cèus lou noum dau Rei. *Bis.*

Que l'home cesse de jemî !
Dy lou pài calmo so coulèro.
Tous notreis molhurs van finî ;
Lo pa vài reniâ sur lo tèro.
Auro lous cèus nous soun deibers :
Jeisu ve brisâ notreis fers.

Si tu nous causèrei lo mor,
Per 'vei manqua d'ôboïssenço,
Adam, Dy channio notre sor ;
Jeisu ve lovâ toun ôfenso.
Entende lous anjeis daus cèus
Qu'anouncen quiau Sauveur nouvèu.

Huroù pecha dau prumier pài !
Per que tu nous rendei lo vito.

Nous ne siran pâ tan d'eimài,
Lou fî de Dy nous ressucito.
Pleis de counfiànço e pleis d'ômour,
Anen troubâ quiau Redemtour.

Qu'ei doun dî quiau pàubre redui
Que jài l'autour de lo noturo.
Helâ! lou gran fre lou sunci;
Lou ven tràuquo lo cuberturo.
Quiau que gouverno coumo au vau
Manquo de tout ce que li fau.

Se doun lou-touner groundo au louen,
E qu'eibranlo touto lo tèro,
Jemi dî lou darnier besouen,
E nài acobla de misèro.
Divin Onièu, pardounâ-nous;
Nous nous prosternen dovan vous.

Helâ! votre cor delica
Jemi tout nu sur de lo palio,
E, per imitâ votre eita,
Degu de n'àutreis ne trobalio;
Nous n'àimen mâ notreis ploseis,
L'arjen, lo richesso e lous beis.

Nàissei, nàissei, divin Jeisu,
Reniâ dî lou foun de notro âmo,
E, per lo remplî de vertu,
Purifiâ-lo per votro flâmo.
De v'eimâ nous fan lou sermen.
Prenei notreis cœurs per presen.

NODAU.

ER : *Quan di lo plèno.*

Chantan victôrio !
Quiau Dy de glôrio
Tan vougu
A lo fi ei vengu.
Quelo bolado
Èro anounçado
Cliaromen
Dî l'Ancien-Testomen.
Davi 'vio chanta,
Daniel 'vio counta
L'houro, lo monieiro
De l'eivenomen.
Isoïo,
Jeremìo,
Las boun' armas,
Tout en larmas,
'Vian vu d'ovanço
Lo deliauranço

NODAUS.

De lo noturo,
L'enfer murmuro :
Au per dî Bethleem
Touto so glôrio ;
Mâ l'home plo counten
Chanto victôrio.

Dî quelo eitable,
Pàubre e minable,
Quiau gran Dy
Coumenço so possy.
Sur lo leitieiro
Lo tèro entieiro
Recounei
Lou meitre dau soulei.
Lous pàubreis peisans
Venen lous dovans
Visâ quis treis reis
Vehî lous doreis.
Tous l'adoren,
Tous l'honoren ;
Mâ l'ôfrando
Qu'au domando,
Qu'ei 'n'âmo puro,
'No fe seguro,
Lo penitenço
Au l'inoucenço.
L'efan Jeisu Sauveur
Proume so glôrio ;
Mâ sei lou doun dau cœur
Pouen de victôrio.

NODAUS.

Visâ-lou rire :
Au semblo dire :
« Venei tous,
» Vous vole rendre hurous.
» Lou ten s'opràimo,
» E quiau que m'àimo
» Ei segur
» Que foràï soun hounhur.
» Moun cor grandiro,
» Au vous nariro.
» Moun san vàï coulâ
» Per vous tous lovâ.
» Moun suplice,
» Moun colice ;
» Soun ofrando,
» Qu'ei plo grando :
» Mâ quiau solari
» Ei necessari.
» L'home coupable
» Èro incopable
» De poyâ ce que fau
» Per 'vei mo glôrio ;
» Mâ mo crou, moun berçau,
» Fan so victôrio. »

De dî so cràicho
Jeisu nous pràicho
Sei parlâ ;
Ne fau mâ lou visâ.
Venei doun, richeis,
Tan fiers, tan chicheis,

Qu'ei per vous
Que vau manquâ de tout.
Venei, lechodiers,
Ladreis, eisuriers,
Orguelious, sobens,
Devos, medisens,
E tan d'àutreis,
Coumo v'àutreis,
Que l'ôfensen
Quan l'encensen.
Fennas doulietas,
Filias coquetas,
Votras prejeiras
Soun meisounjeiras :
Tan que vous cherchorei
Lo veno glôrio,
Jomài vous ne pourei
Chantâ victôrio.

Per li coumplàire
Que dèu doun fàire
Tout cresen
Que ve dî Bethleem?
Fau 'vei dî l'àmo
Lo chasto flâmo
Qu'embrâse
Lou cœur de sen Jose;
Virâ tout en be,
Veliâ subre se,
Sur-tout bien gardâ
So lingo, sas mas;

NODAUS.

Ne pâ veire,
Ne pâ creire
Lo moliço,
L'injustiço;
Jujâ lous àutreis
Meliours que n'àutreis;
Que lour denado
Nous sio socrado.
Qu'ei lou mouyen d'ovei
Par à so glôrio,
E lou dre de poudei
Chantâ victôrio.

NODAU.

Qualo ne, braveis coumponious!
　　　Ne charmanto
　　　　Que m'enchanto!
Qualo ne, braveis coumponious!
Un Sauveur ei nâcu per nous.
Preità l'ôrelio à l'harmonìo
De quelo belo sinfonìo;
Tous lous anjeis, dî lour councer,
Chanten lou Dy de l'univer.
　　Qualo ne, etc.

　　Leissan vite notre troupèu,
　　　　Dy lou gardo,
　　　　　Quo me tardo :
Leissan vite notre troupèu;
Couran veire quiau Rei nouvèu.
Chaque astre dau cèu que petilio
D'uno nouvelo cliarta brilio,
E dî tous lous chans d'alentour
L'y veirià coumo en ple mieijour.
　　Leissan vite, etc.

　　Barjers, celebran de boun cœur
　　　　So tendresso,

NODAUS.

So sojesso;
Barjers, celebran de boun cœur,
Lo bounta de quiau Dy Sauveur.
Grovan-lo dî notro memôrio,
Chantan un cantique de glôrio;
Que las chobretas lous hauboueis,
S'unissan per lou Rei daus reis.
 Barjers, celebran, etc.

 O Jeisu! que nàissei per nous
   Miserable
  Dî 'n'eitable!
O Jeisu! que nàissei per nous
Dî lou fre lou pû rigouroû,
Prosternas en votro presenço,
Nous v'ôfren per recouneissenço
Notre cœur : o divin Seniour!
Remplissei-lou de votre omour.
 O Jeisu! que nàissei, etc.

 Seguei doun, princeis dau Levan,
   Quelo eitelo
  Qu'ei si belo;
Seguei doun, princeis dau Levan,
L'eitelo que passo dovan.
Venei dau foun de l'Orobìo
Per adorâ lou vrài Messìo :
Autro l'or, lo miro e l'encens,
Au vau daus cœurs recouneissens.
 Seguei doun, etc.

NODAU.

R̥ₑᵥₑₗᵢₐ-vous, bravo jaunesso ;
Barjers, finissan de deurmir,
E bonissan notro tristesso :
Quo n'ei pû lou ten de jemî.
I'àuve, i'àuve uno voû que m'opelo.
Lo ne, lo ne brilio mài qu'un bèu jour;
  E lo musiquo lo pû belo
  Charmo tous lous les d'alentour.   *Bis.*

  Tous lous anjeis chanten lo glôrio
  Dau souveren meitre dau cèu,
  E beneisissen so memôrio
  Per un cantique tout nouvèu.
Barjers, barjers, prenian doun lo chobreto,
Metan, metan lous hauboueis bien d'ocor;
  Auvei quelo voû que repeto
  Que fau que nous partan d'obor.

  « Courei vite, troupo fidelo, »
Di l'anje, qu'ài bien entendu ;
  « Car iau v'aprene per nouvelo,
  « Que votre Sauveur ei nâcu. »

Bientô, bientô nous veiren dî lo crecho
  Languî, languî quel efan de doulour.
Ah! faudrio 'vei l'âmo bien secho,
Per li refusâ notro omour.

  Barjers, nous veiqui dî lo granjo.
  Ah! moun Dy, qualo pàubreta!
  Qu'ei 'no misèro bien eitranjo :
  Moun cœur n'en jemi de pieta.
Jeisu, Jeisu, v'aumentâ votro peno;
Helà! helà! vous nàissei dî l'hiver,
  E qu'ei per brisâ lo chodeno
  Doun nous 'vio gorouta l'enfer.

  Gran Dy que josei sur lo palio,
  Quan tout l'univer v'aparte.
  Helà! nous n'aven re que valio
  Per vous presentâ queto ne.
Nàissei, nàissei dî lou foun de notro âmo;
Prenei, prenei notre cœur tout entier,
  Remplissei lou de votro flâmo;
  Qu'ei de sous vœus lou bèu prumier.

  O vous qu'ovei l'âmo charmado
  D'ovei Jeisu-Cri per eipoû,
  Transpourtâ-vous per lo pensado
  Dî soun eitable molhuroû.
Fourman, fourman tous lous vœus que merito
L'eipoû, l'eipoû que charmo votre cœur :
  Que troubâ-vous dî quelo vito
  Que valio quiau divin Sauveur?

NODAUS.

Pàubreis que sei dî lo sufranço,
Vous ganià di votro doulour;
Jeisu vous balio l'esperanço
De vous reservâ soun omour.
Lou màu, lou màu, lou besouen, lo misèro,
Per vous, per vous soun souven un gran be;
E Jeisu sufran sur lo tèro
V'apren que fau sufrî per se.

NODAU.

Er : *Ce que me plâ dî un repâ.*

Revelio-te, brave pastour,
    Lo luno ei pû belo
    Que lou pâ bèu jour.
Un Sauveur nài per notre omour.
    Lo bouno nouvelo!
    Vivo Dy!
Fosan tous sur notro charmelo
Daus councers à soun intency.

A l'eitable de Bethleem
    Quiau Sauveur v'apelo,
    Courei vitomen,
Di un anje dau firmomen;
    Lo bouno, etc.

Jeisu à lovâ s'ei soumei
    Lo fàuto mortelo
    Qu'Adam 'vio coumei;
A notreis pàis qu'èro proumei.
    Lo bouno, etc.

NODAUS.

Adorâ quiau divin Onièu,
O troupo fidelo!
Qu'ei lou Rei dau cèu.
Au cacho l'eiclia lou pû bèu.
Lo bouno, etc.

Divin Sauveur, que vous sei boun!
Sojesso eiternelo,
Terour dau demoun,
Que beneisi sio votre noum!
Lo bouno, etc.

Boun Jeisu, que sufrei per nous
Lo rigour cruelo
D'un sor molhuroû,
Veiqui notreis cœurs, prenei-lous.
Lo bouno nouvelo! etc.

NODAU.

ER : *Boun vouyaje cher du Mole.*

———

Tout s'eivelio
Dî lou cartier,
E vau poriâ que degu ne soumelio.
Tout s'eivelio
Dî lou cartier ;
Vejan, pastours, qui siro lou prumier.

Entendei tous quelo bouno nouvelo ;
L'anje nous di qu'un Sauveur ei nâcu ;
Nous jauviren de lo vito eiternelo :
Lou porody per nous n'ei pâ perdu.
Tout s'eivelio, etc.

Munissan-nous de chacun notro houleto,
Leissan sei pau pacojâ lous moutous ;
N'ôblidan pâ l'haubouei ni lo chobreto,
Per celebrâ quiau Dy nâcu per nous.
Tout s'eivelio, etc.

Quiau nouvèu Rei merito uno courouno ;
Mâ tout ce qu'ài ne pourio pâ sufî ;

D'oliour, qu'ei se que l'àuto au que lo douno
A tous lous reis : au domino sur is.
 Tout s'eivelio, etc.

Un bourossou d'uno fino saumieiro
Counvendrio mier à quiau pàubre einoucen;
Li en porte un ni mài 'no monoulieiro :
Sur-tout au vau notre cœur per presen.
 Tout s'eivelio, etc.

Divin efan, adorable Messìo,
De l'Espri-Sen lous ôraclieis soun vràis;
Nous couneissen que per lo profecìo
V'èriâ proumei à notreis prumiers pàis.
 Tout s'eivelio, etc.

Pecha d'Adam, t'èriâ bien detestable :
Tu fà sufrî per nous lou Rei dau cèu;
Quiau boun pastour ve nàitre dî 'n'eitable,
Per lou solu de soun pàubre troupèu.
 Tout s'eivelio, etc.

Vous que menâ lo pa mài lo justiço,
Nous v'adoren, ô Dy de chorita!
Pardounâ-nous, ô victimo propiço!
Nous soun countris de notro iniquita.
 Tout s'eivelio, etc.

NODAU.

En *de Dorilas.*

—

Nous soun au ten : Bouno nouvèlo !
Dy lou pài briso notreis fers ;
Jomài s'ei vu chàuso si belo,
Deipei qu'au cree l'univer.   *Bis.*
Reveliâ-vous, qualo harmonìo !
Barjers, vous n'en sirei surpreis :
Queto ve n'oven lou Messìo
Que l'ôraclie nous 'vio proumei.   *Bis.*

Lo musiquo celesto entouno
Milo acys de grocias per nous :
E l'eico daus volouns rosouno
Daus souns enchantas de lours vous.
Qu'ei pertan cliar dî notro plèno ;
Las mountonias brilien autour.
A miei-ne lou levan nous mèno
Daus royouns coumo à ple miei-jour.

Lou messojer qu'au nous envoyo,
E qu'ài deijà bien entendu,
Nous di : Barjers, siâ pleis de joïo,
Votre vrài Seniour ei nâcu.

E qu'ei Bethleem que possedo
De tous lous reis lou pû poueissan,
Que l'y jemi, soupiro e credo
Soû lo figuro d'un efan.

Partan vite, bendo jouyouso,
M'ei 'vi que touase lou chomi :
Lo creaturo ei tro hurouso
D'ovei Dy lou fî per omi.
Que notro devoucy sio pûro :
Quitan tout, nous ne risquen re ;
Quan Dy nài tout nu sur lo duro,
Ausorian-nous craniei lou fre ?

Qu'ei qui doun l'eita pitouyable
Ente lou pecha v'o redui ;
Qu'ei qui doun, Sauveur adorable,
Ente votro omour v'o coundui.
Gran Dy, recebei per ôfrando
Tout lou be que deipen de nous ;
Votro tendresso ei plo prou grando
Per que nous leissan tout per vous.

Louen de nous, grandours de lo tèro!
Que Dy soû sio notro pourcy ;
Quan au poti dî lo misèro,
Deven-nous 'vei de l'embicy ?
Ah! Jeisu, deitochâ notro âmo
De l'omour de lo vonita,
E brûlâ-lo de votro flâmo
Dî lou ten e l'eiternita.

NODAU.

ER : *Ah ! Mounseniour.*

Vivo Jeisu notre Sauveur !
Barjers, dounan-li notre cœur !
Au ve per brisâ notreis fers,
E nous deliaurâ daus enfers.
Auvei lou cantique nouvèu
Qu'un anje chanto dî lou ceù.

   Glôrio, nous di-t-èu dî soun chan,
Sio rendudo à Dy tout poueissan !
L'home de bouno voulounta
Viauro dî lo tranquilita ;
Barjers, lou Messìo ei vengu,
Votre vrài Sauveur ei nâcu.

   Partan, barjers, reveliâ-vous,
Celebran quiau momen si doû.
Acourdan, rovis de plosei,
Las chobretas coumo l'haubouei ;
Chantan lou fî de l'Eiternel,
Que per nous pren un cor mortel.

   Qualo grando benedicy !
Nous deven plo remerciâ Dy.
Helâ ! n'oven tan soupira
Aprei quiau Sauveur desira,

NODAUS.

Que ve, per lou bounhur de tous,
Nàitre à Bethleem molhuroû.

Deijâ lo terour de soun noum
De crento rempli lou demoun;
Quel efan, per humilita,
Vau nàitre dî lo pàubreta,
E chôsi de simpleis pastours
Per ètre sous adoratours.

Coumponious, nous soun aribas :
Entran prountomen lou troubâ,
E penetran auprei de se
Notreis cœurs d'uno vivo fe,
Per qu'au nous brûle tour-à-tour
De las flomas de soun omour.

Helâ! qui ne sirio surprei
De veire eici lou Rei daû reis!
Un Dy coucha dî lou berçàu!
Un Dy jeina dî lou moliaù!...
Ah! nous nous soumeten à vous,
Divin Jeisu, reniâ sur nous.

Eiclieirâ-nous, divin efan,
Coumo lous treis reis d'Orien,
Afi que n'oyan lou bounhur
De marchâ d'un pâ pû segur
Di lou chomi que mèno au cèu.
O! Jeisu, siâ notre flambèu.

NODAU.

ER : *Dî lou sen d'uno cruèlo.*

Dy porei pû favorable
Que sur lou moun Sinoï :
De soun touner redoutable
L'home n'ei pû si transi ;
  E so puissanço
Queto ne o bien rempli,
   So puissanço
Queto ne o bien rempli
  Notro esperanço.

 L'eiclia brilian de so glôrio
Porto lo counsolocy ;
Au nous ropelo l'histôrio
De lo Transfigurocy,
  Quan lou Messìo
Prengue tout l'eiclia d'un Dy,
   Lou Messìo
Prengue tout l'eiclia d'un Dy,
  Dovan Eilìo.

 Qualo joïo dî votro âmo
Fài nàitre notre Sauveur,
Barjers ! e de qualo flâmo
Ne brûlo pâ votre cœur !
  Qualo musiquo
Is fan per quiau Dy venqueur!

NODAUS:
Lo musiquo
Qu'is fan per quiau Dy venqueur
Ei manifiquo.

Barjers, quan dau frui de vito
Vous sobei lou lujomen,
Per l'y coure tout de suito
Vous quitâ tout prountomen,
E sur lo duro
V'adorâ quiau Dy sufran,
Sur lo duro
V'adorâ quiau Dy sufran,
Que tremblo e puro.

Lo bèuta de soun visaje
E lo douçour de soun er
Li meriten votre homaje
E deisesperen l'enfer;
Mâ lo misèro
Qu'un Dy sufro dî l'hiver,
Lo misèro
Qu'un Dy sufro dî l'hiver
Chabo lo guèro.

Creitiens, voulan à l'eitable
Sur l'alas de notro fe;
Plonian quel efan eimable
Doun lou cor tremblo de fre.
Que so tendresso
Nous dèu fà d'omour per se!
So tendresso

NODAUS.

Nous dèu fâ d'omour per se
　　Brûlâ sei cesso.

A Jeisu fosan l'eitreno
D'un cœur tout brûlan d'ardour;
Que notro âmo sio bien pleno
De quiau divin Redemtour.
　　Que so sufranço
Nous dèu fâ 'vei de doulour!
　　So sufranço
Nous dèu fâ 'vei de doulour
　　De notro ôfenso!

Deijâ quel efan eimable
Ve versâ soun san per nous;
Deijâ soun cor adorable
Sen lou coutèu doulouroû.
　　Un Dy qu'animo
L'univer d'un soun de voû,
　　Dy qu'animo
L'univer d'un soun de voû
　　Se fâi victimo.

Retrenchan de dî notro âmo
Jusqu'à lo mindro possy.
Tout ce que lo vertu blâmo
Nous dèu poreitre vicy.
　　O vertu sento,
Fosei-nous viaure per Dy,
　　Vertu sento,
Fosei-nous viaure per Dy,
　　Seloun so crento.

NODAU.

ER : *Per diverti lo jen.*

Aprei tan de soupirs,
Ve lo rejauvissenço ;
Un Dy per so neissenço
Coumblo notreis desirs.   *Bis.*
Maugra lo jolousìo,
Qu'o lou molin espri,
L'ancieno profecìo
Qu'anounço lou Messìo
Queto ne s'acoumpli.   *Bis.*

Ah ! partan de boun cœur,
Barjers, qualo musiquo !
Qu'ei lo troupo anjeliquo
Qu'anounço un Dy sauveur.
Oui, tout home sur tèro
De bouno voulounta,
Sei pû craniei lo guèro,
Jauviro sei misèro
De lo tranquilita.

NODAUS.

Cherchan daus ers nouvèus
Per chantâ so victôrio;
Tout celebro so glôrio
Jusqu'au pû hàu daus cèus.
Onan en so presenço
Li marquâ notre omour;
So sento providenço,
Qu'ei pleno de cliomenço,
Merito un doû retour.

Nous veiqui doun vengus
Ente quiau Dy repàuso;
Ne sài coumen l'un àuso
Leissâ sous membreis nus.
Au tremblo de frejuro
Per gorî notre màu,
E per so creaturo
So divino noturo
Pren notre cor mourtàu.

O Dy ple de bounta!
Reniâ soû dî notro âmo;
Brûlâ-nous de lo flâmo
De votro chorita.
Vierjo dau cèu chôsido,
Per n'en ètre lo mài;
Ah! de gracio remplido,
Vous sirei bencisido,
Per tous tens à jomài.

Vilo de Bethleem,
Qu'èrâ lo min presado,

NODAUS.

Tu sirâ renoumado
Jusqu'o lo fi dau ten.
Tu sei per preferenço
Lou berçàu d'un efan,
Que ve, per so neissenço,
Reporâ notro ôfenso
Au deipen de soun san.

CANTIQUE

PER LO PURIFICOCY DE LO VIERJO.

ER *de lo Pipo de Toba.*

GRAN Dy que notre eita touchavo,
Qu'oviâ pieita de notre sor,
Quan l'home criminel marchavo
Dî las tenebras de lo mor,   *Bis.*
V'ovei, per nàitre sur lo tèro,
Quita lou sen de votre pài ;
Helâ ! tout eici vous revèro,
Jeisu, ne nous quitei jomài.   *Bis.*

N'ovian, aus pes de votro crecho,
Lo pû grando counsolocy :
Notro âmo n'èro pâ si secho ;
Nous redoublovan d'afecy.
Nous vesian sur votro figuro
Touto lo tendresso d'un frài ;
Per que v'ovei notro noturo,
Jeisu, ne nous quitei jomài.

Tout lou mounde se rejauvissio
De veire soun divin Sauveur,

CANTIQUE.

E chacun de nous s'otendrissio
Jusquo dau pû proufoun dau cœur.
Nous venian chantâ votro glôrio,
Chaque jour, aprei lou trobài;
Ah! restâ dî notro memôrio;
Jeisu, ne nous quitei jomài.

Iau v'ài vu, Sauveur adorable;
Sài counten, n'ài pû d'emboras,
Disio quiau vieiliar respectable
Que vous pourtavo dî sous bras.
Oui, Simeoun cresio dî l'âmo
Soun sor huroû l'un ne po nài;
Brûlâ-nous de lo meimo flàmo;
Jeisu, ne nous quitei jomài.

Per bounhur nous v'oven sei cesso;
Vous reniâ sur notreis autars,
D'ente votro vivo tendresso
Sur nous repan de dous regars.
Toujour boun per lo creaturo,
Toujour fidèle, toujour vrài,
Vous nous servei de nurituro;
Jeisu, ne nous quitei jomài.

POÉSIES

FRANÇAISES.

POÉSIES SACRÉES.

NOEL,

DIALOGUE PATOIS ET FRANÇAIS.

DES BOURGEOIS.

Quel est cette grande naissance
    Que l'on publie en tous lieux?
On n'entend que réjouissance
Et sur la terre et dans les cieux.
Les pasteurs courent tout joyeux,
    Dans l'ardeur qui les presse :
Arrêtons-les pour savoir d'eux
    Quelle est cette allégresse.

    Pasteurs qui courez à la hâte,
        Sans souci de votre troupeau,
Dites-nous qu'est-ce qui vous flatte?
Qu'est-il arrivé de nouveau?

NOELS.

D'où vient qu'au son du chalumeau,
 Tandis que tout repose,
Vous parcourez tout le hameau?
 Quelle en serait la cause?

LES PAYSANS.

Ne sobei-vous pâ lo nouvelo
 Que se percour di lou poï?
Qu'uno jauno vierjo tan belo
S'ei acouchado d'un bèu fi,
E lo enfanta sei doulour
 Di uno pàubro granjo.
Ah! qu'ei soun Dy e soun Seniour:
 N'ei-quo pâ chàuso eitranjo?

Qu'ei per hoquo qu'en dilijenço
 Nous couren veire quel efan,
Per fâ coumo se couneissenço.
Per que lou cèu n'en parlo tan,
Au fau que quo sio quàuque gran
 Qu'aye de lo poueissanço.
Sei-vous surprei si nous l'y van
 Fâ notro cour d'ovanço?

LES BOURGEOIS.

D'où tenez-vous cette merveille?
 Peut-on l'assurer hardiment?
Ce prodige surprend l'oreille
Et mérite éclaircissement.
De grâce arrêtez un moment,
 Chers pasteurs, je vous prie;

NOELS.

A juger sur votre argument,
Ce sera le Messie.

LES PAYSANS.

Coumo nous èrian dî lo prado,
Que gardovan notreis troupèus,
Enviroun l'houro de veliado,
Nous veguèren sû, dî lous cèus,
Un anje tan leste, tan bèu,
Qu'eiblòsissio lo vudo :
Au chantavo d'un chan nouvèu
Quelo bouno vengudo.

Au disio que, dî uno eitable,
En Bethleem nous trouborian
Un efan tan bèu, tan eimable,
Que tan que tan n'adororian ;
Que per à qui nous couneitrian
Que lou cèu e lo tèro
Dî lou ten à venî n'aurian
Pù d'encheisou de guèro.

LES BOURGEOIS.

Sur le récit que vous nous faites,
Il est facile de penser
Que c'est celui que les prophètes
Ont souvent pris soin d'annoncer ;
Allons donc, sans plus balancer,
Dans la ferme croyance
Que c'est lui qui vient terrasser
Satan et sa puissance.

LES PAYSANS.

Nous voudrian li fà quàuquo ôfrando
Per li marquâ notro bounta :
Nous saben be qu'au ne domando
Noumâ lo bouno voulounta ;
Mâ quo sirio be lou devei,
Au jour de so neissenço,
De fà, seloun notre poudei,
Quàuquo recouneissenço.

LES BOURGEOIS.

Il n'a pas besoin de richesses,
Quoiqu'il soit dans la pauvreté ;
Il vient pour faire des largesses
Aux cœurs de bonne volonté.
Le sien, rempli de charité,
Ne veut que se répandre :
De son excessive bonté
Nous devons tout attendre.

NOËL,

DIALOGUE ENTRE DEUX BERGERS.

TIRCIS.

J'ENTENDS un grand bruit dans les airs ; *Bis.*
Damon, écoute ces concerts :
Tout retentit dans nos déserts ;
Voyons quelle est cette merveille ;
En fut-il jamais de pareille ?

DAMON.

Tircis, je suis tout étonné.
Au bruit je me suis éveillé ;
Et mon esprit émerveillé
Non plus que vous ne peut comprendre
Ce que le ciel veut nous apprendre.

TIRCIS.

Damon, au milieu de la nuit,
Je vois le soleil qui reluit ;

Il semble que tout reverdit.
Sachons ce que cela veut dire :
Quelqu'un pourra nous en instruire.

DAMON.

J'aperçois le berger Clément,
Qui court avec empressement :
Dis-lui qu'il s'arrête un moment ;
Il nous dira quelques nouvelles ;
Il en sait toujours des plus belles.

TIRCIS.

Clément, où courez-vous si fort,
Et qui vous cause ce transport?
Dites-le nous, votre rapport
Calmera notre inquiétude,
En nous tirant d'incertitude.

CLÉMENT.

Ne savez-vous pas qu'en ces lieux
Un ange est descendu des cieux,
Qui nous a dit, d'un ton joyeux :
« Écoutez-moi, troupe fidèle,
» J'apporte une bonne nouvelle ? »

TIRCIS ET DAMON.

Clément, nous n'avons rien appris :
Un doux sommeil nous a surpris ;

Ainsi, nous n'avons point compris
Le sujet de tant d'allégresse ;
Dites-le nous, tout vous en presse.

CLÉMENT.

Cet ambassadeur ravissant
Nous a dit que le Tout-Puissant,
Pour nous sauver, s'est fait enfant,
Et qu'à la pauvreté des langes
On connaîtrait ce Roi des anges.

Enfin il nous a dit à tous :
« Ce bel enfant est né pour vous ».
Hors-çà, bergers, dépêchons-nous,
Ne différons pas davantage :
Allons de cœur lui rendre hommage.

TOUS ENSEMBLE.

De nos troupeaux laissons le soin,
Pour aller voir dans son besoin
Notre Dieu couché sur du foin,
Sans lit, sans bois, sans couverture,
Au coin d'une vieille mazure.

Nous voici, mon divin Sauveur,
Prosternés d'esprit et de cœur
Pour adorer votre grandeur.
Recevez nos profonds hommages ;
Nous voulons tous être à vos gages.

NOELS.

Nous sommes de simples bergers
Que de celestes messagers
Ont fait quitter champs et vergers
Pour vous venir voir dans la crèche
Couché sur de la paille fraîche.

Seigneur, dans vos besoins pressans,
Recevez nos petits présens,
Et pour nous renvoyer contens,
Daignez nous bénir, je vous prie,
Vous avec l'auguste Marie.

NOËL.

AIR : *Entends ma voix gémissante.*

La nuit de son voile sombre
Ne couvre plus nos coteaux,
Et le jour dissipe l'ombre
Qui régnait dans nos hameaux.
De Dieu qui comble l'attente
De tant d'êtres malheureux
La troupe angélique chante
La gloire au plus haut des cieux.

Quelle est la voix qui m'éveille ?
Je sors d'un si doux sommeil !.....
Ah ! que l'aurore est vermeille !
Qu'elle annonce un beau soleil !
La plus douce mélodie
Fait retentir les échos :
Serait-ce donc le Messie
Qui viendrait finir nos maux ?

Le ciel devenu propice
Veut enfin combler nos vœux.
D'accord avec la justice,
La paix règne dans ces lieux.

NOELS.

Un Dieu vient briser nos chaînes ;
Mais hélas ! ce doux vainqueur,
Pour faire cesser nos peines,
Vient naître dans la douleur.

Berger, les divins oracles
Dès long-temps nous l'ont prédit.
Ah ! grand Dieu, que de miracles
S'opèrent dans cette nuit !
L'Éternel, quoiqu'impassible,
Souffre dans ce bas séjour,
Et sa vengeance terrible
Vient céder à son amour.

Berger, l'ange nous appelle,
Allons voir ce doux Sauveur,
Et que notre cœur fidèle
Brûle d'une sainte ardeur.
Ah ! puisse ce Dieu de grâce,
Qui nous comble de bienfaits,
En fondre toute la glace,
Pour l'embraser à jamais !

Venez, princes de la terre,
Reconnaître le vrai Roi.
Quoiqu'il soit dans la misère,
Soumettez-vous à sa loi.
Vous tenez de sa puissance
Votre éclat et votre rang,
Et ce Dieu plein de clémence
Pour vous doit verser son sang.

NOEL.

Air : *Il pleut, il pleut, bergère.*

Quel prodige s'opère !
Il est jour à minuit ;
Sur tout notre hémisphère
Un nouveau soleil luit,
Et la troupe angélique
Célèbre dans les airs,
Par le plus beau cantique,
Le Dieu de l'univers.

L'ange qui nous appelle
Nous annonce un Sauveur :
Bergers, cette nouvelle
Nous promet le bonheur.
O tendresse ineffable !
Jésus naît en ces lieux,
Et ce Verbe adorable
Rend notre sort heureux.

Un Dieu dont la puissance
Dispose de nos jours
Souffre dans son enfance,
Sans le moindre secours,

Bergers, ce divin maître
Exige notre cœur.
Allons le reconnaître :
C'est notre Rédempteur.

 Sur la terre et sur l'onde,
Mortels, bénissez tous
Le Créateur du monde,
Qui descend parmi nous.
Pour voir ce fruit de vie,
Qui guérit tous les maux,
Laissez dans la prairie
Sans crainte vos troupeaux.

 Brûlez-nous de vos flâmes,
Adorable Jésus,
Et remplissez nos âmes
De toutes les vertus.
Daignez, Verbe ineffable,
Trésor de charité,
Nous être favorable
Dans votre humilité.

 O sagesse infinie !
Principe de tous biens,
Soyez dans cette vie
Notre unique soutien.
Jésus plein de clémence,
Nos cœurs vous sont soumis ;
Servez-nous de défense
Contre nos ennemis.

NOËL.

Air *de la Foret-Noire.*

Chantez et célebrez,
Et célébrez sa gloire :
   Il est seul   *Bis.*
Digne de mémoire.

Bergers, je vois briller aux cieux
  Une aurore nouvelle ;
J'entends des airs mélodieux :
  Un ange nous appelle.
    Il nous apprend   *Bis.*
    Notre bonheur :
Il vient de nous naître un Sauveur.
  Chantez, etc.

Pour le salut de son troupeau,
  Ce pasteur débonnaire
Gémit dans un pauvre hameau,
  Au sein de la misère.
    Le Tout-Puissant,
    Pour notre amour,
Souffre dans ce triste séjour.
  Chantez, etc.

Bergers, accourez promptement;
Il attend votre hommage :
Il vient, cet adorable enfant,
Finir votre esclavage.
Le souverain
De l'univers
S'abaisse pour briser vos fers.
Chantez, etc.

Partons, bergers, avec ardeur,
Et prenons nos houlettes;
Chantons ses bienfaits, sa grandeur,
Au son de nos musettes.
Allons offrir
A cet enfant
Le cœur le plus reconnaissant.
Chantez, etc.

Adorons le Verbe éternel
Couché dans une étable;
Le Dieu vivant se rend mortel
Pour sauver le coupable :
Ce doux vainqueur,
Par sa bonté,
Vient laver notre iniquité.
Chantez, etc.

Dans les maux et dans la douleur
Prenons-le pour modèle,
Pour être héritier du bonheur
De la gloire éternelle;
Que le saint nom

De Jésus-Christ
Dans nos cœurs soit toujours écrit.
Chantez, etc.

O Jésus, embrasez nos cœurs
De vos divines flâmes ;
Daignez, par vos attraits vainqueurs,
Triompher de nos âmes.
Prosternons-nous ;
Demandons-lui
Qu'il soit à jamais notre appui.
Chantons et célébrons
Et célébrons sa gloire :
Il est seul
Digne de mémoire.

NOEL.

Air nouveau.

J'entends là-bas dans la plaine
Les anges descendus des cieux.
Ils chantent à perte d'haleine
Ce cantique mélodieux :
Gloria in excelsis Deo.   *Bis.*

   Bergers, pour qui cette fête?
Quel est l'objet de tous ces chants?
Quel vainqueur, quelle conquête,
Méritent ces cris triomphans?
   Gloria, etc.

   Ils annoncent la naissance
Du libérateur d'Israël,
Et, pleins de reconnaissance,
Ils chantent en ce jour solennel :
   Gloria, etc.

   Ces doux transports d'allégresse
Doivent aussi nous animer;

C'est pour nous qu'un Dieu s'abaisse :
C'est pour lui qu'il faut entonner :
   Gloria, etc.

Allons tous de compagnie,
Dans l'humble lieu qu'il s'est choisi,
Voir l'adorable Messie,
A qui nous chanterons aussi :
   Gloria, etc.

Cherchons tous l'heureux village
Qui l'a vu naître sous ses toits :
Offrons-lui les tendres hommages
Et de nos cœurs et de nos voix :
   Gloria, etc.

Dans l'humilité profonde
Où vous paraissez à nos yeux,
Pour vous louer, Sauveur du monde,
Nous chanterons dans ce saint lieu :
   Gloria, etc.

Déjà les bienheureux anges,
Les chérubins, les séraphins,
Occupés de vos louanges,
Ont appris à dire aux humains :
   Gloria, etc.

NOEL.

Air : *J'ignorais qu'un amant fût traître.*

Bergers, sortez de vos retraites, *Bis.*
La nuit ressemble au plus beau jour. *Bis.*
Sur le ton des concerts de la céleste cour
Chantez, accordez vos musettes.
Reconnaissez votre bonheur :
Célébrez le nom du Seigneur. } *Bis.*

Partez, l'ange qui vous appelle
Vous dit qu'un Sauveur vous est né ;
Bénissez à jamais ce moment fortuné,
Louez la sagesse éternelle :
Reconnaissez, etc.

Vous le verrez dans la misère,
Ce Sauveur envoyé des cieux.
C'est sous ce voile obscur qu'il exige vos vœux ;
Quoiqu'enfant, il est votre père.
Reconnaissez, etc.

Versez des larmes de tendresse,
Touchés de ses tristes accens :

Le Dieu fort, qui lui seul mérite votre encens,
Donne des marques de faiblesse.
Reconnaissez, etc.

Pécheurs, pour laver votre offense,
Jésus naît dans l'obscurité,
Et, pour demander grace à la divinité,
Il souffre même dès l'enfance.
Reconnaissez, etc.

Hérode, en vain ton injustice
S'arme pour le faire périr ;
Cet agneau connaît seul les maux qu'il doit souffrir
Pour consommer son sacrifice.
Reconnaissez, etc.

Volons à ce trône de grace,
Sur les ailes de notre foi ;
Que nos cœurs en ce jour brûlent pour ce grand Roi :
Prions-le d'en fondre la glace.
Reconnaissez, etc.

NOEL.

Air : *De la gaîté.*

Peuples, criez victoire !
De Dieu chantez la gloire,
  Brûlans d'amour :   *Bis.*
Son fils vient comme ôtage
Nous tirer d'esclavage
  Dans ce séjour.   *Bis.*

Déjà le ciel l'annonce,
Et son nom se prononce
  Dans cette cour.
C'est un roi dont l'empire
Est tout ce qu'on désire
  Dans ce séjour.

Il naît dans une crêche :
Cet enfant nous y prêche
  Son seul amour.
Et, malgré sa puissance,
Il est dans l'indigence
  Dans ce séjour.

O ciel ! est-il possible
Qu'un Dieu, quoiqu'impassible,

NOELS.

Souffre en ce jour!
L'auteur de la nature
Vient pour sa créature
Dans ce séjour.

Celui dont le tonnerre
D'effroi glace la terre
Pleure en ce jour :
Il gémit, tremble, et crie
Sur le sein de Marie,
Dans ce séjour.

Bergers que l'ange invite,
Accourez au plus vite,
Brûlez d'amour,
Et venez reconnaître
Votre Dieu, votre maître,
Dans ce séjour.

O rois! Dieu vous appelle;
A vous s'il se révèle,
C'est par amour.
Suivez à la lumière
L'astre qui vous éclaire
Dans ce séjour.

Ne suivez pas pour guide
Quelque Hérode perfide,
Qui, par détour,
Montrerait à ce traître
Que Jésus voulut naître
Dans ce séjour.

Qu'Hérode en vain attende
Pour ce qu'il appréhende
    Votre retour ;
Ne daignez pas l'instruire,
Et fuyez sans rien dire
    De son séjour.

Prince, connais ton crime,
Tu veux Dieu pour victime,
    Ce Dieu d'amour :
Il ne veut pas ton trône ;
C'est lui seul qui les donne
    Dans ce séjour.

Allons avec les mages
Lui rendre nos hommages,
    Brûlans d'amour.
Donnons-lui pour étrenne
Nos cœurs, et qu'il les prenne
    Dans ce séjour.

Jésus, splendeur du père,
Dont la foi nous éclaire
    Par votre amour,
Nous vous offrons nos âmes ;
Brûlez-les de vos flâmes
    Dans ce séjour.

NOEL.

AIR : *D'un époux chéris la tendresse.*

———

Partons, quelle heureuse nouvelle!
Que l'univers soit étonné.
Un Dieu sauveur qui nous est né
A sa naissance nous appelle.
Tout se réjouit dans les cieux :
Les enfers de rage frémissent,
Et des concerts des bienheureux   *Bis.*
Les échos frappés retentissent.   *Bis.*

  Bergers, allons lui rendre hommage,
Célébrons ce divin enfant,
Qui fait cesser notre tourment,
Et nous délivre d'esclavage.
Unissons nos cœurs et nos voix,
Chantons ses divines louanges,
Et répétons cent et cent fois
Son nom d'accord avec les anges.

  Vous qui vivez dans la mollesse,
Lâches mondains, voyez Jésus ;
Contemplez ses membres tout nus :
Il souffre et soupire sans cesse.

Pécheurs ingrats, sans charité,
C'est pour vous qu'il verse des larmes,
Et ce Dieu dans sa pauvreté
Est plein de douceurs et de charmes.

. Plaisirs bruyans, richesses vaines,
Vous ne séduirez plus nos cœurs.
Pour nous vos appas enchanteurs
Ne sont plus rien, grandeurs mondaines.
Un Dieu souffrant dans le mépris
Par son humilité nous prêche
Qu'à vous il n'ajoute aucun prix;
Il naît sans éclat dans la crèche.

Trois rois du fond de l'Arabie
Viendront, éclairés par la foi,
Vous reconnaître pour leur Roi
Et pour leur souverain Messie.
O désiré des nations !
Régnez sur nous comme sur elles ;
Daignez, dans nos tentations,
Nous mettre à l'ombre de vos ailes.

NOEL.

Air : *Tandis que tout sommeille.*

O grand Dieu, quelle veille !
Mon cœur en est charmé,
S'il était alarmé,
Bergers, cette merveille
  Change mon sort.
  Un doux transport
M'anime et m'encourage.
La terre, les airs et les cieux
Par leur éclat charment mes yeux.
Ah ! quel bonheur délicieux
  Cette nuit nous présage !

  Une nouvelle aurore
  Eclaire nos hameaux,
  Et de tous nos coteaux
  La cime se redore.
   Tout retentit,
   Tout applaudit
  A la troupe des anges:
Elle célèbre au firmament,
Avec l'accord le plus touchant,

NOELS.

De Dieu le père tout-puissant
    La gloire et les louanges.

    L'oracle des prophètes
    Enfin comble nos vœux,
    Et nos jours malheureux
    Seront des jours de fêtes.
      Dieu pour jamais
      Répand sa paix ;
    Il fait cesser nos peines.
Allons adorer ce vainqueur,
Qui, pour faire notre bonheur,
De l'enfer confond la fureur,
    Et vient briser nos chaînes.

    L'ange qui nous appelle
    Dit qu'un Dieu nous est né.
    O moment fortuné !
    Quelle heureuse nouvelle !
      Le Tout-Puissant,
      Pauvre et souffrant,
    Gémit dans une étable ;
Le Créateur, le Dieu des forts,
Parmi les mortels prend un corps,
Et naît sous les faibles dehors
    D'un enfant misérable.

    Laissons dans la prairie
    Sans crainte nos moutons ;
    Des loups dans ces vallons
    Méprisons la furie.

NOELS.

Courons, pasteurs,
Offrir nos cœurs
A sa divine enfance.
Unissons nos cœurs et nos voix;
Chantons son nom sur nos hautbois,
Et publions cent et cent fois
Sa grace et sa clémence.

Quoi, monarque adorable,
Qui n'avez point d'égal,
Votre palais royal
Est une pauvre étable!
Ce triste état
Cache l'éclat
Dont vous brillez sans cesse.
O doux trésor de charité!
Pour laver notre iniquité,
Vous naissez dans l'obscurité.
Quel excès de tendresse !

O Sauveur de nos ames,
Vous êtes notre espoir.
Daignez nous recevoir;
Brûlez-nous de vos flâmes.
Que votre amour,
En ce beau jour,
Grand Dieu, nous renouvelle.
Nous vous adressons nos soupirs,
Détachez-nous des faux plaisirs,
Et comblez seul tous nos désirs,
O sagesse éternelle!

NOEL.

Air : *Heureuse nuit, tu passes vite.*

Bergers, que vous êtes heureux !
De l'Eternel chantez la gloire.
La paix va régner dans ces lieux ;
Bergers, que vous êtes heureux !
Du souverain maître des cieux
Que tout célèbre la mémoire.
   Bergers, que, etc.

  Un Dieu naît pour briser vos fers ;
Courez lui rendre votre hommage.
Formez les plus charmans concerts ;
Un Dieu naît pour briser vos fers.
Il vient triompher des enfers,
Et vous tirer de l'esclavage.
   Un Dieu, etc.

  Princes, oubliez votre rang
Devant ce soleil de justice ;
Au pied de ce divin enfant
Princes, oubliez votre rang.
Que du couchant jusqu'au levant

Le nom de Jésus retentisse.
    Princes, oubliez, etc.

    O Jésus, trésor de bonté,
  Naissez à jamais dans nos âmes;
  Effacez notre iniquité.
  O Jésus, trésor de bonté,
  Puisse votre divinité
  Embraser nos cœurs de vos flâmes.
    O Jésus, etc.

NOEL.

AIR : *Iris s'en va, quelle douleur !*

Vous qui naissez pour les pécheurs,
    O sagesse immortelle,
Et qui supportez les rigueurs
    D'une saison cruelle ;
Pour nous élever dans les cieux,
    Vous rampez sur la terre ;
Un Dieu qui vient nous rendre heureux
    Gémit dans la misère.

    Vous qui répandez la terreur,
        Et qui lancez la foudre,
Et qui pouvez, en Dieu vengeur,
    Réduire l'homme en poudre,
Ah ! sous les dehors d'un enfant,
    Qui naît dans l'indigence,
Vous êtes faible et languissant,
    Malgré votre puissance.

    Sortez, bergers, de vos hameaux,
        Que rien ne vous empêche ;

Laissez sans crainte vos troupeaux,
  Et courez à la crèche.
Vous y verrez dans la douleur
  Le Sauveur de vos âmes;
Puisse ce souverain pasteur
  Vous remplir de ses flâmes.

Mages, venez de l'orient;
  Déposez vos couronnes
Aux pieds de ce Roi tout-puissant,
  Qui dispose des trônes.
Ah! que votre vainqueur est doux!
  Son amour vous appelle
Pour faire réjaillir sur vous
  La lumière éternelle.

Mortels que votre iniquité
  Tenait dans l'esclavage,
Vous recouvrez la liberté;
  L'enfer frémit de rage :
Rendez hommage au Roi des rois;
  Célébrez sa victoire,
Et soyez soumis à ses lois
  Pour mériter sa gloire.

NOEL.

Air : *Qu'il est joli notre petit ménage!*

Au Tout-Puissant rendons honneur et gloire,
Tout l'univers
Est délivré des fers;
Bergers, dans nos concerts
Célébrons sa mémoire.
Les mortels à jamais
Vont jouir de la paix.
Au Tout-Puissant, etc.

Rappelons-nous la plus belle des veilles,
Dans nos hameaux
Cherchons des airs nouveaux.
Faisons dire aux échos
De si rares merveilles;
Qu'en tous temps nos neveux
Chantent leur sort heureux.
Rappelons-nous, etc.

Je songe encore à cette voix touchante
Qui nous disait

L'étable où reposait
L'enfant qui nous naissait
Pour combler notre attente.
La nuit, dans ce moment,
Etait un jour charmant.
 Je songe encore, etc.

Ah! je le vis, et j'en verse des larmes,
 Ce Roi des cieux,
Nu dans ces tristes lieux,
Ce fruit si précieux,
Ce Dieu si plein de charmes!
Je cédai sans retour
A cet excès d'amour.
 Ah! je le vis, etc.

Tout me prévint, bergère mon amie,
 L'air de douceur
De ce divin Sauveur;
Je redoublai d'ardeur :
Mon ame était ravie.
Que ces traits enfantins
Me paraissaient divins!
 Tout me prévint, etc.

Qu'il me toucha, couché dans son étable!
 Le triste état
De son corps délicat
Nous cachait tout l'éclat,
De sa gloire ineffable.
Un Dieu, pour nous guérir,

Venait ici souffrir.
Qu'il me toucha, etc.

Que de soupirs n'ont pas poussés nos pères!
Jésus enfin
De Dieu quitte le sein.
Ce sage médecin,
Touché de nos misères,
Fait cesser contre nous
Le céleste courroux.
Que de soupirs, etc.

Fils du Très-Haut, nous vous rendons hommage;
O doux Jésus,
Faites que vos vertus
De nos cœurs abattus
Relèvent le courage.
Inspirez-nous l'horreur
D'un siècle corrupteur.
Fils du Très-Haut, etc.

Naissez, naissez pour toujours dans nos ames,
Dieu de bonté;
Que votre charité,
Par son activité,
Les brûle de ses flâmes.
Bergers, à l'unisson
Célébrons son saint nom.
Naissez, naissez, etc.

NOEL.

Air : *La raison propose, et l'amour dispose.*

Un Sauveur vous est donné.
Heureuse nouvelle !
Au berceau du nouveau-né
L'ange vous appelle ;
Du concert des bienheureux
Tout retentit dans les cieux.
Chantons ce Messie,
Ce doux fruit de vie.

Vous qui désiriez de voir
La fin de vos peines,
Il vient combler votre espoir
Et briser vos chaînes.
C'est ce bouton qu'a poussé
La racine de Jessé,
Chantons ce Messie, etc.

Voilà le temps où Juda
Cède la couronne ;
Le Verbe fait chair aura
Le sceptre et le trône.

NOELS.

C'est un monarque divin,
Dont le royaume est sans fin.
  Chantons ce Messie, etc.

 Bénissons cet Homme-Dieu,
  Chantons sa victoire,
Et publions en tout lieu
 Son nom et sa gloire.
Il vient, comme il l'a promis,
 Terrasser nos ennemis.
  Chantons ce Messie, etc.

 Il veut naître sans éclat
  Et dans l'indigence.
Son corps tendre et délicat
 Est dans la souffrance;
Et de ce prince de paix
 Une étable est le palais.
  Chantons ce Messie, etc.

 L'homme craignait sans appui
  De lever la tête;
Mais il triomphe aujourd'hui;
 Un Dieu le rachète.
Nous pouvons plus hardiment
 Regarder le firmament.
  Chantons ce Messie, etc.

 La douceur de cet agneau
  M'arrache des larmes :
Cet enfant, dans son berceau,
 Ravit, par ses charmes :

NOELS.

Prions ce divin Sauveur
De naître dans notre cœur.
   Chantons ce Messie, etc.

O Dieu plein de charité !
   Naissez dans notre âme ;
Inspirez-nous par bonté
   Votre sainte flâme.
Tous les bergers d'alentour
Répéteront tour à tour :
   Chantons ce Messie, etc.

NOËL

POUR LE JOUR DE L'ÉPIPHANIE.

AIR : *Je t'aimerai, je te serai fidèle.*

Un Dieu sauveur à sa foi vous appelle ;
Partez, partez, ô rois des nations,
Pour vous conduire une étoile nouvelle
A l'orient fait briller ses rayons.
Un Dieu sauveur à sa foi vous appelle ;
Partez, partez, ô rois des nations.

   Pour l'aller voir abandonnez vos trônes.
C'est l'Eternel : il est le Roi des rois.
A ses genoux déposez vos couronnes ;
Soumettez-vous à ses divines lois.
Pour l'aller voir abandonnez vos trônes;
C'est l'Eternel : il est le Roi des rois.

   Depuis long-temps, plongés dans les ténèbres,
Vous habitiez l'empire de la mort.
La foi détruit des voiles si funèbres,
Et l'Homme-Dieu vous ouvre un heureux port.
Depuis long-temps, plongés dans les ténèbres,
Vous habitiez l'empire de la mort.

Mages, portez à votre divin maître
Des dons choisis de votre propre main.
Celui de l'or doit vous faire connaître
Qu'il est des rois l'unique souverain.
Mages, portez à votre divin maître
Des dons choisis de votre propre main.

Reconnaissez, par le don de la myrrhe,
Qu'il est mortel sous notre humanité,
Et par l'encens, que votre cœur n'aspire
Qu'à rendre hommage à sa divinité.
Reconnaissez, par le don de la myrrhe,
Qu'il est mortel sous notre humanité.

Divin Jésus, splendeur de votre père,
Nous vous offrons le don de notre cœur :
Comme les rois, comblez-nous de lumière,
Et brûlez-nous de votre sainte ardeur.
Divin Jésus, splendeur de votre père,
Nous vous offrons le don de notre cœur.

CANTIQUE

DE SAINTE AGATHE, VIERGE ET MARTYRE.

Air : *Du serin qui te fait envie.*

Amour frivole, amour profane,
Qu'encensent de lâches mortels,
Une jeune vierge à Catane
Te brave aux pieds des autels.
En vain l'artifice et la rage
Conspirent contre sa pudeur;
Agathe, pleine de courage,
Méprise un monde séducteur.　　　*Bis.*

Un ennemi de nos mystères,
Aux rivages siciliens,
Fait publier des lois sévères
Contre le culte des chrétiens :
Agathe, loin d'être interdite,
N'en montre que plus de ferveur.
On la dénonce, elle est conduite
Chez le consul de l'empereur.

Quentien, épris de ses charmes,
La flatte, exalte sa beauté;

Mais ce sont là de faibles armes
Contre un cœur plein de charité.
« Je suis chrétienne, lui dit-elle,
» Je crois au Dieu de l'univers;
» Redoute la peine cruelle
» Qui t'attend au fond des enfers ».

Le consul, ému de colère,
N'affecte que de la douleur.
Agathe est ferme, Agathe espère
Tout de la grace du Sauveur.
C'est en vain qu'une séductrice
A sa pudeur tend des filets;
Bien loin qu'Agathe s'attendrisse,
Elle déteste ses projets.

« Pour moi tes grandeurs, la fortune,
» N'ont, dit-elle, qu'un faible éclat:
» Je renonce à l'erreur commune
» Pour un trésor plus délicat.
» Mon cœur ne craint point les menaces;
» Je serai fidèle à mes vœux,
» Afin de marcher sur les traces
» De l'agneau divin dans les cieux. »

Quentien irrité l'outrage
Sans l'ébranler dans son dessein.
Le traître la frappe au visage
Et lui fait mutiler le sein.
Mais une puissance céleste,
Pour rendre ce monstre confus,

Sans que la cicatrice reste
Guérit l'épouse de Jésus.

 Ce tyran, la rage dans l'âme,
Condamne ce corps chaste au feu.
Agathe, au milieu de la flâme,
Dans ses douleurs bénit son Dieu.
En voyant les maux qu'elle souffre
Le peuple frissonne d'horreur;
Le mont Gibel ouvre son gouffre
Et répand au loin la terreur.

 La terre, qui paraît sensible,
Tremble jusqu'en ses fondemens.
On croit que ce fléau terrible
D'Agathe venge les tourmens.
Le consul craint, on la ramène
Dans le cachot le plus affreux;
Elle y meurt, sa victoire est pleine,
Et son âme s'en vole aux cieux.

 O sainte! qui fûtes victime
Pour la gloire de votre époux,
Faites-nous détester le crime;
Sans cesse intercédez pour nous.
Détournez, pendant notre vie,
La flamme impure de nos cœurs,
Et dans l'horreur de l'incendie
Secourez les pauvres pécheurs.

CANTIQUE DE SAINT ALEXIS.

AIR CONNU.

Vous qui paraissez épris
Des faux plaisirs de la terre,
Et mettez si peu de prix
A ceux que le juste espère,
Vous raillerez Alexis
D'avoir été trop austère ;
Mais sachez que, pour bien mourir,
On ne saurait trop souffrir.

Alexis à ses parens
Fut soumis dès son enfance ;
Ils priaient depuis long-temps
Pour obtenir sa naissance.
Quand ce fils, dans leurs vieux ans,
Vint combler leur espérance.
C'est ainsi que Dieu se montra
Propice aux vœux de Sara.

Des leçons de la vertu
Formèrent son caractère ;
Le vice fut combattu
Par le jeûne et la prière.
Le malheureux fut vêtu,
L'orphelin trouva son père,

Et l'infirme connut en lui
Son refuge et son appui.

Aglaés avec plaisir
Voit l'appui de sa vieillesse
En grandissant parcourir
Les sentiers de la sagesse.
Jalouse de l'établir,
Elle en parle avec tendresse :
Alexis prend une moitié
Digne de son amitié.

Tout annonce d'heureux nœuds :
L'épouse est pleine de charmes ;
Mais, hélas ! que ses beaux yeux
Dans peu répandront de larmes !
Les conviés sont joyeux :
Quelles seront leurs alarmes !
Alexis va passer les mers
Pour ignorer l'univers.

Jeune épouse, un mauvais sort
Va troubler votre ame pure.
Alexis est déjà mort
Au monde, à la créature.
Il va gagner quelque port,
Et par ses dons il assure
Qu'il est votre fidèle époux,
Quoiqu'il s'éloigne de vous.

Vos regrets sont superflus :
Il vogue déjà sur l'onde,

Son ame ne songe plus
Aux délices de ce monde.
Et la grâce de Jésus,
En merveilles si féconde,
A fait de l'objet de vos vœux
Un pauvre digne des cieux.

Parens, qui pour votre fils
Êtes remplis de tendresse,
Ce fils docile et soumis
A votre douleur vous laisse,
Et loge sous le parvis
D'une église dans Édesse;
Il fonde ses besoins pressans
Sur la pitié des passans.

Le saint veut se voir abject
Et sa personne ignorée :
Il est partout, en effet,
Trahi par la renommée.
Il s'attire le respect
De toute cette contrée ;
Et ses actes d'humilité
Découvrent sa sainteté.

Docile à la seule voix
De la vertu qui l'engage,
Il s'embarque une autre fois
Pour éviter tout hommage.
Dieu par de secrètes lois
Veut diriger son voyage;

CANTIQUES.

Les vents jettent dans son pays
  Le vaisseau qui l'avait pris.

  Rome, reçois dans ton sein
Ce pauvre de l'évangile,
Qui, pour un bien souverain,
Méprise un bonheur fragile.
Triompher du cœur humain
Est cent fois plus difficile
Que de vaincre dans les hazards,
  Comme l'ont fait les Césars.

  Dans ton enceinte Alexis
Demande déjà l'aumône,
Et, sans remettre son fils,
Euphémien la lui donne.
Ses traits changés et flétris
Ne reviennent à personne ;
La nature a beau s'attendrir ;
  Le saint aime mieux souffrir.

  Il aborde, mal vêtu,
Le séjour qui l'a vu naître.
Son père, le cœur ému,
Plaint son sort sans le connaître.
Comme pauvre, il est reçu
Aussi bien qu'on puisse l'être ;
Il voudrait voler dans ses bras ;
  Son vœu ne le permet pas.

  Dans un réduit où le jour
Porte à peine la lumière,
Des pleurs qu'arrache l'amour

Il est témoin oculaire :
Il voit gémir tour à tour
Et son épouse et sa mère.
Quels combats! mais il est vainqueur :
La grâce parle à son cœur.

 Malgré les ordres précis
D'un maître si charitable,
Les valets pour Alexis
Ont le cœur impitoyable,
Et des plus sanglans mépris
A tout moment on l'accable :
Il souffre pendant dix-sept ans
Des affronts et des tourmens.

 Grand saint! tu meurs oublié,
Tout le monde te néglige ;
Mais le ciel a publié
Ton trépas par un prodige.
En vain ta chère moitié
Verse des pleurs et s'afflige ;
Pour elle au céleste séjour
Tu brûles d'un saint amour.

 Membres souffrans de Jésus,
Telle est votre récompense,
Quand vous joignez les vertus
Aux besoins de l'indigence.
Opulens, pour être élus,
Soyez pauvres dans l'aisance :
Epoux, obtenez ce bonheur
Par la pureté du cœur.

HYMNE

A SAINT MARTIAL, APOTRE D'AQUITAINE.

Air *des Visitandines*.

O Jésus, Rédempteur du monde,
Permets que ton éclat divin
Dissipe cette nuit profonde
Où gémit tout le Limousin.　　*Bis.*
Daigne envoyer, bonté suprême,
Quelques ministres de ta loi
Choisis et formés par toi-même,
Pour le convertir à la foi.　　*Bis.*

C'est une terre abandonnée,
Qui n'est bonne pour aucun fruit ;
Mais quand ils l'auront cultivée,
Ils seront charmés du produit.
Avec le travail et le zèle
Qu'y vont employer ces colons,
Bientôt la moisson la plus belle
Partout couvrira les sillons.

Tu veux que ce bonheur arrive,
Martial brave le danger,
Et, plein de la foi la plus vive,
Il vole à ce sol étranger.

La peine ne saurait l'abattre,
Et ce modèle des ouvriers,
Pour sauver un peuple idolâtre,
Donnerait son sang volontiers.

Dans ce grand et pénible ouvrage
Ses compagnons sont ses rivaux,
Et son exemple les engage
A partager tous ses travaux.
Par le lien le plus intime
La vertu les unit entre eux,
Et la grâce qui les anime
Leur fit former les mêmes vœux.

La charité qui les embrase
N'en fait qu'un seul et même esprit.
La concorde est toujours la base
Du zèle ardent qui les conduit.
Et ces soldats de l'évangile,
Sous Jésus-Christ, le Roi des rois,
Font arborer dans chaque ville
L'auguste étendard de la croix.

Gloire à jamais à Dieu le père!
Gloire à jamais à Dieu le fils!
Et gloire à toi que tout révère,
Esprit-Saint, qui les tiens unis!
C'est par ta divine influence
Et les dons qu'il avait reçus
Que Martial, plein de confiance,
Nous soumit au joug de Jésus.

HYMNE

A SAINT PIERRE, APOTRE.

Air *des Visitandines.*

O Pierre, prince des apôtres,
Gardien des brebis du Sauveur,
Toi qu'il choisit sur tous les autres
Pour être leur premier pasteur ; *Bis.*
Du haut du séjour de la gloire
Reçois nos vœux en ce saint jour
Dont nous célébrons le retour,
Pour rendre honneur à ta mémoire. *Bis.*

A la foi ce Sauveur t'appelle :
Tu quittes ta barque à l'instant,
Et tu suis ce divin modèle
Avec un vif empressement.
Loin que sa pauvreté te blesse,
Tu laisses tout sans résister,
Et tu ne veux plus exister
Que pour l'aimer avec tendresse.

L'œil de la chair qui l'envisage
Ne voit que son humanité ;
Mais tu dissipes le nuage
Qui cache sa divinité.

Interrogé sur sa nature,
Tu lui réponds au même instant
Qu'il est le fils du Dieu vivant;
Et c'est ta foi qui te l'assure.

Tu deviens cette pierre stable
Sur laquelle Jésus construit
Le bâtiment inébranlable
De l'église qu'il établit.
Ce fondateur, par ses prières,
La soutient dans le même état,
Et, pour lui donner plus d'éclat,
La foi l'orne de ses lumières.

Rome, quelle est ta jouissance!
La mort de Pierre t'enrichit :
Héritière de sa puissance,
Tu l'es aussi de son crédit.
La gloire que tu t'es acquise
Dans les combats, par ta valeur,
Ne vaudra jamais la douceur
De la paix qu'il laisse à l'église.

Nous te rendons honneur et gloire,
Trinité sainte en un seul Dieu,
Quand nous célébrons la mémoire
De Pierre et de Paul en ce lieu.
O Jésus, sagesse éternelle!
Sois-nous favorable en ce jour
Où nous les chantons tour à tour;
Exauce ton peuple fidelle.

HYMNE

A SAINTE VALERIE, VIERGE, ET PREMIÈRE MARTYRE D'AQUITAINE.

Air *des Visitandines.*

Accourez, ô troupe choisie,
Vierges, délices de l'agneau ;
A la gloire de Valerie
Formons le concert le plus beau. *Bis.*
Chantez avec nous sa victoire,
Descendez du sacré séjour :
Ce jour est digne de mémoire ;
Célébrons-en l'heureux retour. *Bis.*

A peine est-elle baptisée,
Que la grâce, par sa douceur,
La rend aussitôt détachée
Des plaisirs d'un monde flatteur.
De Jésus épouse fidelle,
Elle aimerait mille fois mieux
Souffrir la mort la plus cruelle
Que de briser de si beaux nœuds.

La beauté n'est qu'une ombre vaine,
L'éclat de la pourpre n'est rien,
Depuis que son ame est certaine
De posséder l'unique bien.
Elle préfère l'alliance
Qu'elle contracte avec les cieux
Au noble rang que sa naissance
Lui donne d'après ses aïeux.

Au duc Etienne elle est promise,
Ce seigneur réclame sa main;
Mais, ô ciel! quelle est sa surprise
Quand il voit qu'il espère en vain!
Jésus, dit-elle, est mon partage,
Il est seul ma félicité;
C'est à cet époux que j'engage
Mon cœur et ma virginité.

Par les plus instantes prières
Le duc ne pouvant l'émouvoir,
Lui fait des menaces sévères;
Mais elles n'ont aucun pouvoir.
La vierge qu'enflamme sans cesse
L'amour de son divin époux,
Bien loin d'enfreindre sa promesse,
Resserre des liens si doux.

L'amant trompé sévit contre elle,
La rage succède à l'amour.
Par une sentence cruelle
La sainte va perdre le jour.

Dejà sa tête ensanglantée
Tombe sous les coups du bourreau,
Et son ame dans l'empirée
Triomphe aux nôces de l'agneau.

Puissions-nous, ô Père adorable,
Te louer dans l'éternité,
Et suivre ton Verbe ineffable,
Qui couronne la chasteté.
Esprit-Saint qui nous régénères,
Viens nous combler de tes faveurs,
Et par tes flammes salutaires
Fondre la glace de nos cœurs.

HYMNE.

AIR : *Lise chantait dans la prairie.*

Déja sur la voûte azurée
Le soleil commence son cours ;
De Dieu seul, lumière incréée,
Mortels, implorons le secours.
Demandons-lui qu'il nous bénisse,
Qu'il soit le flambeau de nos jours.
Puisse ce soleil de justice
A nos vœux devenir propice !

Fais que nos œuvres, nos paroles,
Jamais ne t'offensent, Seigneur ;
Que des objets vains et frivoles
Nous fuyions le charme trompeur.
Fais-nous détester l'imposture,
Et comble-nous de ton ardeur ;
Que ta charité vive et pure
Dans nos cœurs règne et nous rassure.

Pendant le cours de la journée,
O Jésus ! sois notre soutien ;
Hélas ! notre ame est assiégée
Par l'ennemi du genre humain !

Combats pour nous, s'il veut nous nuire,
Sois notre fidèle gardien;
Ne lui permets aucun empire
Sur nos sens qu'il voudrait séduire.

De notre chair impérieuse
Calme l'impétuosité;
Rends notre ame victorieuse;
Qu'elle en réprime la fierté.
Que cette chair, dont l'existence
N'est en tout que fragilité,
Puisse garder son innocence
Sous les lois de la tempérance.

Gloire à la puissance suprême
Du père notre Créateur!
Gloire au fils, qui voulut lui-même
S'immoler pour notre bonheur!
Gloire à cet Esprit de lumière,
Qui les unit avec ardeur,
Et dont la flamme salutaire
Est un don qui nous régénère!

HYMNE

A SAINT JOSEPH.

Rejeton des rois tes aïeux
Et l'ornement de leurs neveux,
Que les époux te félicitent,
Et que les vierges qui t'imitent
T'ornent de lys dont la blancheur
Soit l'emblème de la candeur.

Flambeau de la nouvelle loi,
Une vierge s'unit à toi;
Moins époux que gardien fidèle,
Tu vis chastement avec elle,
Et, sans alarmer sa pudeur,
Tu deviens père du Sauveur.

Joseph, quels soins ne prends-tu pas
De cet enfant qu'entre tes bras
L'Eternel dépose lui-même!
Avec toi cet Etre suprême,
Qui te voit docile à sa voix,
Partage ses soins et ses droits.

D'un Dieu réduit à notre état
Tu soigne, le corps délicat
Dans la faiblesse de l'enfance.
Il t'est cher dans l'adolescence,
Et c'est ton travail qui nourrit
Ce fils conçu du Saint-Esprit.

Que d'autres élèvent la voix
Pour annoncer cent et cent fois
Qu'un Dieu vient régner sur la terre ;
Tu n'ignores pas ce mystère :
Mais, dépositaire discret,
Tu gardes un profond secret.

Gloire au père ! gloire à son fils !
Gloire à toi qui les tiens unis !
Esprit sacré, de qui Marie
Dans son sein conçoit le Messie,
Par la chaste fécondité
Qu'opère ta divinité.

HYMNE

A SAINTE MARIE-MAGDELAINE.

Un Dieu rédempteur vous menace,
Fuyez, fuyez, esprits impurs;
Cédez au pouvoir de sa grâce,
Rentrez dans vos gouffres obscurs.
C'en est fait, Magdelaine abhorre
Votre langage séducteur.
Oseriez-vous troubler encore
La paix qui règne dans son cœur?

Jésus commande, il met en fuite
Sept monstres que vomit l'enfer:
Les faux plaisirs qui l'ont séduite
N'ont rien pour elle que d'amer.
Jésus est sa seule espérance,
Et, pour marque d'un vrai retour,
L'objet de sa reconnaissance
Devient celui de son amour.

Voit-elle cet objet suprême
Souffrir en croix pour les pécheurs,

Sa pitié la rend elle-même
Victime de mille douleurs.
Que ne puis-je, dit cette amante,
Moi seule supporter les coups
Qui frappent la chair innocente
Du plus fidèle des époux !

Quand le sang de Jésus ruisselle,
Elle l'inonde de ses pleurs ;
Comme lui, d'une mort cruelle
Son ame endure les rigueurs ;
Et si par un profond silence
Cet époux semble l'oublier,
C'est pour éprouver la constance
D'un cœur qu'il possède en entier.

Gloire à la personne du père !
Gloire à la personne du fils !
Et gloire à l'esprit de lumière,
Nœud d'amour qui les tient unis !
Son souffle pur de notre zèle
Nourrit l'heureuse activité,
Et fait brûler l'ame fidèle
Des flammes de la charité.

HYMNE
A SAINT ÉTIENNE.

Nous ne t'offrons pas de couronne,
Premier martyr de notre foi,
Les fleurs que la terre nous donne
Sont trop passagères pour toi.

Les pierres encore sanglantes
Rendent ton front plus glorieux :
Les étoiles les plus brillantes
Seraient moins belles à nos yeux.

De ta tête chaque blessure
Est une source de clarté,
Ta face lumineuse et pure
D'un ange nous peint la beauté.

Première victime immolée
Pour la gloire d'un Dieu souffrant,
Sa mort présente à ta pensée
Te fait mourir en l'imitant.

La mer rouge par où tu passes
D'un Dieu signala le trépas :
Tu cours le premier sur ses traces,
Que de martyrs suivront tes pas !

Jésus, qui, du haut de ton trône,
Sur ce martyr jettes les yeux,
Rends-nous digne de la couronne
Dont il va jouir dans les cieux.

HYMNE

A SAINT JEAN-BAPTISTE.

Air *des Visitandines.*

Quoi! ton humilité résiste;
Tu balances, saint précurseur,
Et ta qualité de Baptiste
T'arrête à l'aspect du Sauveur!   *Bis.*
Suis les ordres qu'il te confie;
Lave dans les eaux du Jourdain
Celui dont le feu purifie
Tous les replis du cœur humain.   *Bis.*

Que dus-tu penser en toi-même,
Voyant que le Verbe incarné
Pour te demander le baptême
Devant toi s'était prosterné?
Tu t'étonnes qu'il te désigne,
Toi qui, pour ses divins appas,
Prendrais pour un bonheur insigne
Le ministère le plus bas!

Tu vois comment tout se dispose
Pour ce baptême glorieux.
L'esprit sur Jésus se repose,
Et le père descend des cieux.
Sa voix annonce sa tendresse ;
Du sein d'un nuage brillant
Toute la Trinité s'empresse
D'être présente en ce moment.

Après cet auguste mystère,
Tu te crois d'abord obligé
D'exercer le saint ministère
Dont le ciel même t'a chargé.
Tu prêches cet agneau victime
Qui doit mourir pour les pécheurs,
Et, dans le zèle qui t'anime,
Ton doigt l'indique aux auditeurs.

Ennemi de ta propre gloire,
Tu rapportes tout à Jésus ;
Quand tu célèbres sa mémoire,
Tu fais oublier tes vertus.
Sous toi ceux qui veulent s'instruire
Apprennent à le respecter,
Et quand tu vantes son empire,
Tu t'abaisses pour l'exalter.

Pour tant de zèle et de courage,
Qui feront éclater ta foi,
Un cachot sera ton partage :
Le vice armera contre toi.

De la pudeur trop outragée
Tu voudras être le vengeur ;
Mais ta mort bientôt prononcée
Préviendra celle du Sauveur.

Que l'univers plein d'allégresse
Célèbre le père en ce jour,
Et qu'il bénisse la sagesse
Du fils qui nous combla d'amour.
De l'Esprit-Saint qui les enchaîne
Louons à jamais la bonté.
Chantons la gloire souveraine
De cette auguste Trinité.

HYMNE.

Air : *Avec les jeux dans le village.*

Élevé sur notre hémisphère,
L'astre qui règle les saisons
Semble de toute sa lumière
Sur nous diriger les rayons.
Ainsi toi, lumière éternelle,
Jésus, vrai soleil créateur,
Tu veux d'une flamme nouvelle
Sur nous répandre la chaleur.

Grand Dieu, dans nos ames fais luire
Le flambeau de la vérité,
Pour que nous puissions nous conduire
Selon ta sainte volonté.
Que ta charité dès l'aurore
Commence de nous animer,
Et qu'à midi, plus vif encore,
Son feu puisse nous enflammer.

Gloire à la puissance suprême
Du père notre créateur !
Gloire au fils, qui voulut lui-même
S'immoler pour notre bonheur !
Gloire à cet Esprit de lumière
Dont l'amour et la charité,
Par un feu doux et salutaire,
Soulagent notre infirmité !

HYMNE.

Le jour, dans sa chute rapide,
Fera bientôt place à la nuit,
Qui viendra, par son ombre humide,
Chasser l'astre qui le produit :
Telle est, mortels, la vie humaine ;
Elle s'enfuit dès le berceau,
Suivant la pente qui l'entraîne
Vers l'affreuse nuit du tombeau.

O Jésus, qui pour des coupables
Meurs innocent sur une croix,
Et qui tends tes bras adorables
Pour nous recevoir sous tes lois,
Daigne nous accorder la grâce
D'aimer ta croix et tes tourmens,
Pour que ta tendresse nous fasse
Mourir dans tes embrassemens.

Gloire à la puissance suprême
Du père notre créateur !
Gloire au fils, qui voulut lui-même
S'immoler pour notre bonheur !
Gloire à cet Esprit de lumière
Dont l'amour et la charité,
Par un feu doux et salutaire,
Soulagent notre infirmité.

HYMNE.

Les bords du Jourdain retentissent,
Jean fait entendre ses leçons ;
Les échos qui se réunissent
De sa voix répétent les sons.
Sortez de votre léthargie,
Peuples plongés dans le sommeil,
C'est le précurseur du Messie,
Hâtez, hâtez votre réveil.

Déjà les airs, la terre et l'onde,
Charmés d'un tel événement,
Du souverain maître du monde
Nous annoncent l'événement.
Tout est transporté d'allégresse,
Les êtres même inanimés
Semblent célébrer la sagesse
De celui qui les a formés.

Un Dieu s'approche, il va paraître:
Rendez les sentiers applanis;
Epurons, pour ce divin maître,
Nos cœurs jusqu'aux moindres replis.

HYMNES.

Si ce Sauveur veut y descendre
Pour les brûler de son ardeur,
Faisons nos efforts pour les rendre
Dignes d'une telle faveur.

Jésus, notre unique espérance,
Notre force et notre recours,
Le genre humain dans la souffrance
Dépérira sans ton secours.
Semblable à l'herbe des vallées
Pendant le solstice d'été,
Quand leurs racines altérées
Ne pompent plus d'humidité.

Soulage, médecin des âmes,
Des victimes de la douleur,
Et fais, par tes divines flâmes,
Disparaître notre langueur.
Montre-nous ton auguste face,
Et l'univers dégénéré,
Secouru de ta sainte grâce,
Sera bientôt régénéré.

Gloire soit à l'Être suprême,
Qui nous promet un Rédempteur!
Gloire au fils, qui descend lui-même
S'immoler pour l'homme pécheur!
Gloire au Saint-Esprit, qui les lie
Par les nœuds de la charité,
Et par qui le Verbe de vie
Revet notre mortalité!

HYMNE

DE LA VEILLE DE NOEL.

La nuit de ses ombres funèbres
Semblait couvrir l'homme pécheur,
L'infortuné, dans les ténèbres,
Etait victime de l'erreur.
Mais la lumière la plus pure
Va dévoiler la vérité,
Et déjà l'ombre et la figure
Cèdent à la réalité.

Mortels, banissez vos alarmes,
Ne poussez plus tant de soupirs;
Vous allez essuyer vos larmes :
Tout est propice à vos désirs.
Dieu le fils veut être l'ôtage
Qui doit désarmer l'Eternel;
Nous ne craindrons plus que l'orage
Fonde sur l'homme criminel.

Le seul arbitre de la terre,
De qui vient toute autorité,
Veut s'exposer à la misère
Dans l'exil et la pauvreté.

Celui dont la main adorable
D'astres brillans orna les cieux
N'a d'autre palais qu'une étable,
Et souffre pour nous rendre heureux.

Nais donc, auteur de la nature,
Toi qui nous tiras du néant;
Pour racheter la créature
Prends la figure d'un enfant.
Ton sang doit nous donner la vie,
Et si pour nous il coule un jour,
Tu seras le prêtre et l'hostie
Dans ce sacrifice d'amour.

Gloire soit à l'Être suprême,
Qui nous promet un Rédempteur!
Gloire au Fils, qui descend lui-même
S'immoler pour l'homme pécheur!
Gloire au Saint-Esprit, qui les lie
Par les nœuds de la charité,
Et par qui le Verbe de vie
Revêt notre mortalité!

HYMNE

A SAINT JEAN-PORTE-LATINE.

Rome, quelle est donc ta furie ?
Quoi, le disciple du Sauveur
Va subir la sentence impie
Que vient de rendre l'empereur !
Aux yeux de ce juge implacable,
Les gardes l'entraînent soudain,
Et sa vieillesse vénérable
N'ébranle pas ce cœur d'airain.

Dans une mer d'huile bouillante
Son corps innocent est jeté :
Mais cette chaleur dévorante
Respecte sa virginité.
C'est un combattant sur l'arène,
Qui s'oint pour nourrir son ardeur.
Il sort et sent dans chaque veine
Croître sa force et sa vigueur.

Au fond d'une île inhabitée,
Où le saint apôtre est banni,
Dieu seul occupe sa pensée,
Et Dieu seul converse avec lui.

De l'avenir qu'il lui révèle
Il écrit chaque événement,
Et transmet ce dépôt fidèle
Sous un nuage transparent.

Puisse Jésus que tout adore
Comme lui nous combler d'amour!
Puisse-t-il nous apprendre encore
A souffrir dans ce bas séjour!
Mourons, mourons comme lui-même,
Pour participer à sa mort,
Ainsi qu'à la gloire suprême
Que nous mérite un tel effort.

Gloire à la personne du Père!
Gloire à la personne du Fils!
Gloire à cet Esprit de lumière,
Nœud d'amour qui les tient unis!
C'est la foi qu'un Dieu nous révèle
Par son disciple bien-aimé;
C'est la foi dont chaque fidèle
Contre l'erreur doit être armé.

BOUQUETS.

BOUQUET PASTORAL,

DONNÉ PAR JEANET, MARINE ET MARIETTE
A LEUR PÈRE ET A LEUR AÏEUL.

JEANET.

Le soleil, sur le point de finir sa carrière,
Redorait hier au soir la cime des côteaux.
    A la voix de chaque bergère,
  Le chien docile assemblait les troupeaux.
Sous un ormeau touffu, la flûte et la musette,
    Dont l'écho répétait les sons,
Invitaient les bergers à danser sur l'herbette,
    Avant de serrer leurs moutons.
Le déclin d'un beau jour est une heure charmante,
Quand on a supporté le poids de la chaleur.
    Le souffle des zéphirs enchante
    Par son agréable fraîcheur.

Déjà la troupe est assemblée ;
Ici les plus âgés vont danser sous l'ormeau,
Et là pour s'amuser la jeunesse éveillée
Invente quelque jeu nouveau.
Ils poussaient à l'envi mille cris d'allégresse.
J'étais loin d'eux; j'avais le cœur épris
Du doux objet de ma tendresse.
C'est, disais-je, demain la fête de Myrtis...
Myrtis !... quel nom !.... qu'il est cher à mon âme !
Ah ! je méprise tous les jeux,
Quand il s'agit de lui prouver ma flâme
Et la constance de mes vœux.
La nuit bientôt fera place à l'aurore
Du plus beau jour qui fut jamais.
Bientôt, ô père que j'adore,
Nous célèbrerons tes bienfaits.
Bientôt nous chanterons cet aïeul respectable,
Qui, pour charmer notre berceau,
De la mère la plus aimable
Voulut embellir ce hameau.
Mon sort sera digne d'envie.
Chères brebis, partagez mon bonheur,
Et bondissez dans la prairie,
Pour répondre à ma vive ardeur.
Comme je veux lui faire hommage
D'une coupe de lait digne même des dieux,
Je vous porte ce soir le plus tendre feuillage
Des arbrisseaux que vous aimez le mieux.
Marine vous traira pour le meilleur des pères.

A peine eus-je fini ces mots,
Que les bergers et les bergères
Firent retentir les échos
De leurs cris consacrés au temps de la retraite.
Pour lors j'assemblai mes brebis,
En quittant, l'ame satisfaite,
Le bosquet où j'étais assis.
Tu sais qu'arrivant au village,
Je t'embrassai si tendrement...
Je ne t'en dis pas d'avantage...
Auras-tu su répondre à mon empressement?

MARINE.

Oh! c'est douter de ma tendresse;
Tout m'engageait à seconder tes vœux.
Cette nuit j'y rêvais sans cesse,
A peine le sommeil me fermait-il les yeux,
Qu'à l'instant j'étais éveillée :
Alors je me levais soudain,
Et je courais vers la croisée
Pour découvrir l'étoile du matin.
Jeanet, lorsque j'ai vu paraître
L'aurore d'un jour si charmant,
Dans tous mes sens elle a fait naître
Le transport le plus ravissant.
J'ai couru sans tarder, vêtue à la légère,
Traire les mères du bercail;
Leur lait sera bon, je l'espère,
Elles me l'ont donné sans le moindre travail.

Vons eussiez dit que ces brebis fidèles
    Semblaient pénétrer nos projets;
    Le lait sortait de leurs mamelles
    Plus abondamment que jamais.

JEANET.

Je vais encore, ô ma chère Marine,
    Offrir à ce père chéri
    Un gâteau de fleur de farine,
    C'est moi-même qui l'ai pétri.
    Les humbles présens du village,
    Offerts par l'ingénuité,
    Du cœur expriment le langage
    Et peignent la simplicité.

MARIETTE.

J'ai cueilli ce matin les fleurs les plus nouvelles,
    Pour en parer l'objet de notre ardeur;
        Plus les couleurs en seront belles,
Mieux elles lui peindront les vœux de notre cœur.
        Dans la nature bienfaisante
J'aime à puiser tous les dons que je fais;
        Elle est fertile, elle est charmante
        Jusques dans ses moindres bienfaits.
        Ces lys nés dans notre bocage
        Peignent mon ingénuité;
        De mon cœur la rose est l'image,
        Elle en peint la vivacité,
        Et quand le jasmin s'entrelace
        Parmi les branches d'un tilleul,

Père chéri, je crois que je t'embrasse,
Pour ne vivre que pour toi seul.

JEANET, *en regardant ses sœurs.*

Avant d'offrir nos présens et nos vœux
 Au plus tendre de tous les pères,
 Au souverain maître des cieux
 Adressons nos humbles prières.
 C'est lui qui, pour notre bonheur,
 Nous donna Myrtis pour auteur.
 Myrtis!... ah! c'est la bonté même:
 Grand Dieu! veille sur ses momens;
 Hélas! tu sais bien que je l'aime,
 Et qu'il aime aussi ses enfans.
 Bénis cette mère charmante,
 Qui nous porte tous dans son cœur,
 Qui, bonne, tendre et caressante,
 N'aspire qu'à notre bonheur.
 Sur notre aïeule, qui m'est chère,
 Répands sans cesse ta bonté,
 Et fais que l'une et l'autre mère
Dans le sein du bonheur recouvrent la santé.

MARINE.

Fais que leurs jours coulent sans cesse
Comme l'eau pure d'un ruisseau
Qu'un zéphir en passant caresse,
Quand le temps est tranquille et beau.

MARIETTE.

Fais que le bonheur de leur vie
Du miel surpasse la douceur,
Et que leur santé raffermie
Fasse cesser notre juste douleur.

(*Ils s'en vont, et le moment d'après ils reviennent de derrière les coulisses. Jeanet porte la coupe de lait, et se met au milieu, Marine porte le gâteau surmonté du bouquet qu'elle doit donner à son aïeul. Mariette porte le bouquet destiné pour son père, et se met à gauche. Ils viennent tout déposer sur une table couverte d'une nappe et garnie de feuillage et de fleurs*).

JEANET. AIR *de la Foret-Noire.*

D'un lait pur et délicieux
Je viens te faire hommage.
C'est un doux présent que les cieux
Ont fait pour le village.
Il te peindra, par sa blancheur,
Mon innocence et ma candeur.
Que tout dans ce séjour s'empresse
De prouver sa vive tendresse.

MARINE, *en présentant le gâteau.*

AIR : *De ta main cueille ces fruits.*

Puisse le goût de ce pain frais
    Te flatter et te plaire;

BOUQUETS. 167

Puisse ce don de Cérès
Être pour toi salutaire !
Que tout, dans notre séjour,
Célèbre ton nom tour à tour.

MARIETTE. AIR : *Des simples jeux de son enfance.*

Pour moi, des doux présens de Flore
Je veux parer mon cher Myrtis.
Père adoré, je t'offre encore
Un cœur toujours tendre et soumis.
Et si quelquefois ma jeunesse
Semble trahir mes sentimens,
N'en crois rien, ma vive tendresse
Forme les vœux les plus constans.

MARINE.

Couronnons notre second père,
Qui pour nous a tant de bonté ;
L'amour qu'il a pour notre mère
S'étend sur sa postérité.
Gué, gué, célébrons ce jour,
Gué, gué, chantons tour à tour
Les soutiens de notre village,
Et rendons leur tous notre hommage.

L'ÉPOUSE DE MYRTIS.

AIR : *Je le tiens ce nid de fauvette.*

Je partage votre allégresse,
O tendres fruits de notre amour !

Myrtis dans mon cœur vit sans cesse,
Myrtis est sensible à son tour.
Que tout à nos chants applaudisse,
Célébrons des momens si doux.
O ciel, jette un regard propice
Sur mon père et sur mon époux!

SA SŒUR.

AIR : *Vous qui d'une amoureuse ivresse.*

Jeunes bergers, famille aimable
D'un père digne de vos vœux,
Ah! si le ciel m'est favorable,
Que vous serez long-temps heureux!
Vos cœurs sont plus purs que l'or même:
Vivez pour chérir vos parens;
Je me fais un plaisir extrême
De vous voir dans ces sentimens.

BOUQUET MATERNEL.

DONNÉ PAR MARIETTE, NANCI, GUILLOT, VICTOR, LOUIS, A LEUR MÈRE.

MARIETTE.

CHARMANT séjour, lieux fortunés,
 Où, loin du vice et loin de l'imposture,
Par l'amitié doucement enchaînés,
Vivent d'heureux enfans que chérit la nature,
Vous êtes tout pour nous, et nos cœurs innocens,
 Toujours gais et toujours tranquilles,
 Jouissent des plus doux momens :
 Oui, Nanci, c'est dans ces asyles
 Que, même en formant des désirs,
 Nous goûtons dans notre jeunesse
 Chaque jour de nouveaux plaisirs
 Qu'enfante la délicatesse :
Voilà les fruits de l'amour maternel,
 Dont nous éprouvons la constance.
 Amour qui descendis du ciel
 Pour prendre soin de notre enfance,

Nous te jurons en ce moment
Jusqu'à la mort un éternel hommage.
Nous te devons un cœur reconnaissant ;
Nos attraits, nos plaisirs sont ici ton ouvrage,
 Feu sacré, qui brûles nos cœurs,
 Nourris-les toujours de tes flâmes ;
 Ne permets pas que tes ardeurs
 S'éteignent jamais dans nos âmes.

NANCI.

 Que plutôt la mort en courroux
Nous moissonne et réduise en cendre !...
 Est-il un empire plus doux
 Que celui d'une mère tendre ?
 Saisissons les momens heureux
 Que nous offre ce jour de fête ;
 Que de nos cœurs et de nos vœux
 Notre bouche soit l'interprête.
 Livrons-nous à ces doux transports
 Que nous inspire la tendresse ;
 Formons les plus charmans accords
 Pour exprimer notre allégresse.

(*Elles chantent ensuite alternativement la chanson suivante, et d'un air affectueux, sur l'air : Quand j'aime à boire, moi, etc.*)

MARIETTE.

 Quand l'aimable candeur
 Chante ce qu'elle aime,

Les sentimens de son cœur
   Sont la vérité même.
Si le respect et l'amour
   Sont maîtres de son âme ;
Ils l'embrasent tour à tour
   De la plus douce flâme.

NANCI.

Qu'il est beau de chanter
   Une tendre mère !
Que ce plaisir doit flatter
   Un riche caractère !
Notre cœur s'épanouit
   Dans ce transport aimable.
L'ame contente jouit
   D'un bonheur ineffable.

MARIETTE.

Non, l'amour filial ne peut s'évanouir :
Ni la mort, ni le temps ne sauraient le flétrir.
Notre mère pour nous vaut toutes les richesses;
Rien ne peut égaler le prix de ses largesses.
Eh ! que nous donne-t-elle ? Ah ! Nanci, le sais-tu
Tout aussi bien que moi ? le bonheur, la vertu,
   La paix, la douceur, l'innocence.
Ces présens valent-ils notre reconnaissance ?

NANCI.

Oui, sans doute, ma sœur, nous devons en ce jour
   Lui renouveler notre amour.

Rien n'est plus délicat que le cœur d'une mère...
Le moindre écart souvent la désespère.
Craignons de l'attrister, le plus léger soupçon
Serait pour sa tendresse un funeste poison :
Un caprice la blesse, et le dégoût l'offense ;
Mais aussi le retour rappelle sa clémence.
Quel sourire, quelle bonté,
Quand elle voit notre docilité !
Ah ! vivons pour l'aimer, faisons tout pour lui plaire,
Montrons-nous les enfans d'une si digne mère.

(*Elles chantent la chanson suivante, alternativement, sur l'air : Daigne écouter, etc.*)

MARIETTE.

Consacrons-lui la plus vive tendresse,
Reconnaissons son ascendant vainqueur.
Les documens que dicte sa sagesse
Charment l'esprit et pénètrent le cœur.

NANCI.

Soumettons-nous à tout ce qu'elle exige,
Et sans contrainte aimons à lui céder.
A l'art de plaire à ceux qu'elle dirige
Elle joint l'art de les persuader.

MARIETTE ET NANCI, *sur le même air*.

Vos chers enfans, en vous rendant hommage,
D'un feu plus pur se sentent enflammer :

Et leur désir, qui va croître avec l'âge,
Sera toujours, maman, de vous aimer.

GUILLOT.

Oui, nous devrions chérir ensemble la vertu
Je sais qu'à ses attraits le vrai bonheur est dû :
Cette rivalité la charmerait sans doute.
Mais hélas ! insensés, nous trouvons qu'il en coûte !
Il faut, pour être aimé, savoir aimer soi-même.
Eh! quoi, nous n'aimons pas! nous voulons qu'on nous aime !
Quelle est donc notre erreur! nous sommes des ingrats :
Nous voulons des égards, et nous n'en avons pas!
Un enfant indocile aime-t-il une mère ?
Non, sans doute; je vais changer de caractère,
Réformer mes défauts, et montrer chaque jour
Par ma résipiscence un sincère retour.
Ces vœux, maman, ne sont pas d'un volage;
Je viens de les former, recevez-en l'hommage.

VICTOR.

Je sais bien que vous m'êtes chère,
Et que mon cœur penche toujours vers vous;
Je sais aussi que de vous plaire
Il est extrêmement jaloux.
Pour exprimer tout ce qu'il pense,
Hélas! mon style est trop borné ;
Et, d'ailleurs, toute ma science
Ne saurait créer rien d'orné.

La franchise est ma rhétorique :
Je désire votre bonheur,
Et je mettrai tout en pratique
Pour mériter votre faveur :

LOUIS.

J'ai lu quelque part une histoire
Qui m'a frappé ; je vais la raconter.
J'en conserverai la mémoire ;
Les traits en sont piquans ; qu'on daigne m'écouter.

Dans la demeure paternelle
Vivaient jadis trois frères et deux sœurs.
L'amour pur, l'amitié fidelle,
De leurs dons les plus chers comblaient ces jeunes cœurs,
Et n'en faisaient qu'un seul. Que c'était chose aimable
De voir ces cinq enfans, à cet âge adorable
Où le rire joyeux est le suprême bien,
Ne se quitter jamais et s'amuser de rien !
De les voir bien parés, père et mère à leur tête,
Au sortir de la messe, un jour de bonne fête,
La gaîté dans les yeux, se tenant par la main,
S'en aller en sautant chez leur tante Antoinette,
Boire du lait, cueillir la violette,
Et faire en folâtrant le plus charmant festin !
O jours délicieux, tant regrettés du sage !
Enfans n'y pensaient pas : pense-t-on à cet âge !
Hélas ! qu'importe ? heureux enfin,
Ils s'aimaient bien, c'est tout : entre eux point de querelle ;
Le goût d'un seul décidait tous les goûts ;
En blesser un, c'était les blesser tous.

BOUQUETS.

De cette union fraternelle
Chacun dans le village admirait la candeur.
Dans ses prônes le vieux pasteur
Souvent, la larme à l'œil, les citait pour modèle.
Souvent même on le vit, malgré le poids des ans,
Se prêtant avec joie à leurs jeux innocens,
Enchaîner d'un long fil la tremblante hirondelle,
Ou danser avec eux sur ses pieds chancelans.
Raison ne fit qu'accroître une amitié si belle :
Rien ne peut la troubler, ni le mien, ni le tien,
Ni l'avarice criminelle :
L'estime en devint le soutien,
Et la vertu la rendit éternelle.

Nous n'avons pas le même caractère,
Nos jeux sont un peu plus bruyans;
Mais, maman, désormais le désir de vous plaire
Dans nos devoirs nous rendra plus constans.

(*Ils s'approchent tous pour offrir le bouquet*).

MARIETTE.

De nos vœux qu'exprime l'amour,
Maman, ce bouquet est l'emblême;
Il peut se flétrir quelque jour,
Mais notre cœur sera toujours le même.

(*Elle chante de suite sur l'air : Ah! ma chère musette*).

Embrassons une mère
Si digne de nos vœux,

Et que ce jour resserre
Le plus tendre des nœuds.
Que notre ame, qu'entraîne
Le plus heureux penchant,
Pour s'unir à la sienne
Vole en ce doux instant.

NANCI.

Vivez, mère adorée
De vos enfans chéris,
Et soyez assurée
Que leur cœur est soumis.
Ah! vous êtes l'aurore
Du printems de nos jours;
Brillez, brillez encore
Pour en charmer le cours.

MARIETTE.

D'un époux qui vous aime
Prolongez le bonheur;
Qu'il partage lui-même
Cette aimable douceur.
Si les cieux sont propices
A nos désirs ardens,
Vous ferez nos délices
Tous les deux très-long-temps.

NANCI.

(*Danse ronde sur l'air : Dans le fond d'une écurie.*)

Un doux penchant nous entraîne;
Profitons de ses douceurs :

BOUQUETS.

Que l'amitié nous enchaîne
Dans des instans si flatteurs.
Tout doit réunir nos cœurs
Pour célébrer cette fête.
Chantons à chaque moment,
Et que l'écho nous répète,
Chantons à chaque moment
Le nom chéri de maman.

MARIETTE.

Le plaisir qui nous rassemble
A mille charmes secrets ;
Il faut le goûter ensemble
Pour juger de ses attraits.
Il bannit tous les regrets
Et rend l'ame satisfaite.
    Chantons, etc.

NANCI.

Tout en elle nous enchante,
Jusqu'à sa vivacité ;
Sa bonté toujours constante
Veut notre félicité.
Que nos vœux pour sa santé
Signalent ce jour de fête !
    Chantons, etc.

BOUQUET

PRÉSENTÉ PAR MARIETTE, NANCI, GUILLOT, VICTOR ET LOUIS.

MARIETTE.

Nanci, de ce beau jour que j'aime la lumière!
Plaise au ciel que souvent son flambeau nous éclaire!
Il réveille en mon cœur la sensibilité ;
Il donne à mes désirs bien plus d'activité,
Et prête à mon ardeur une flamme nouvelle.
  Enfin ce moment me rappelle
  Que je vis au sein du bonheur.
  Oui, je sens naître dans mon cœur
  Les plus doux transports d'allégresse...
  Mon ame brûle de tendresse...
Je vais fêter l'objet que mon ame chérit ;
Sa présence déjà me charme et m'attendrit.
  Oui, oui l'amour, dès mon bas âge,
A placé dans mon cœur son nom et son image :
La tendresse elle-même en a gravé les traits,
Et je conserverai leur empreinte à jamais.
Je tiens à cet objet par une triple chaîne ;
  Elle enfanta la souveraine

BOUQUETS.

De mes désirs et de mes vœux :
Et quand de la gloire des cieux
La grâce me fit héritière,
Elle fut la dépositaire
De mes vœux les plus solennels.
Je dois à ses soins maternels
Ce lait sacré de la sagesse
Dont elle a nourri ma jeunesse.
Ses tendres soins pour ma santé,
Sa complaisance, sa bonté,
Tout m'annonce le caractère
D'une fidèle et tendre mère.
Puisse-t-elle vivre à jamais
Dans le bonheur et dans la paix!

NANCI.

O ma sœur, à t'entendre dire,
On croirait qu'elle ne respire
Que pour ton unique bonheur.
Et moi je juge par mon cœur
Du tribut que je dois lui rendre.
Ah! si ce cœur pouvait s'entendre,
Quels vœux n'exprimerait-il pas!
Ma bouche pourrait-elle, hélas!
Lui peindre tout ce que je pense!
L'amour, le respect, la constance,
Tout brûle dans mon cœur épris
Du désir de gagner le prix :
Et c'est ce combat qui m'enchante;
Enfin, ma sœur, je l'ai toujours présente.

Oui, malgré ton triple lien,
Mon cœur l'aime autant que le tien.

(*Elle chante sur l'air : Dans un jardin Colinette*).

Hier matin, dans le parterre,
Profitant de la fraîcheur,
Je vis cette tendre mère
Sous l'image d'une fleur.
Une rose épanouie,
Sur un rosier vigoureux,
De cinq boutons embellie
Triomphait au milieu d'eux.

La rose, plus élevée
Que ces jeunes nourriçons,
Donnait, la tête penchée,
Selon moi, quelques leçons.
Pompez, semblait-elle dire,
Les sucs qui nous sont communs ;
Profitez, sous mon empire,
Pour exhaler mes parfums.

Ah ! dis-je, c'est elle-même,
La nature me le dit :
Et ces boutons sont l'emblême
Des enfans qu'elle chérit.
L'éclat dont cette fleur brille
Me peint cet ardent désir
Qu'elle a de voir sa famille
Vivre, croître et s'embellir.

BOUQUETS.

MARIETTE.

Ah! je n'en suis pas étonnée :
Comme elle est tendrement aimée,
Tout nous la peint sous diverses couleurs
Et sous les traits les plus flatteurs.

AIR *de la Romance de Daphné.*

Souvent, quand je suis près d'elle,
Tout s'anime dans mon cœur.
Soumise, tendre et fidelle,
Je sens près de ce modèle
Renouveler mon ardeur.

Si quelquefois je désire
D'embrasser ce cher objet,
Sa gravité que j'admire
Et le respect qu'elle inspire
M'arrêtent dans mon projet.

Ma sincérité me blâme,
Mon cœur s'en console bien.
Je souffre un peu dans mon âme,
Mais je sens croître ma flâme,
Et mon amour ne perd rien.

Bientôt je vois sur sa face
Le souris de la bonté.
Toute ma peine s'efface,
Le calme reprend sa place,
Et ramène la gaîté.

Les plaisirs de la jeunesse
Ne durent souvent qu'un jour ;
Mais son aimable vieillesse,
Sous les lois de la sagesse,
Sut captiver mon amour.

GUILLOT, *en regardant sa grand-maman.*

Solitaire au milieu du monde,
Vous avez préféré le soin de vos enfans
Aux charmes des plaisirs bruyans,
Qui sont inconstans comme l'onde.
Nous vous devons on ne peut plus ;
Vous nous avez donné la plus tendre des mères,
Dont les leçons, sans être austères,
Nous inspirent le goût de toutes les vertus.
Ah ! puissions-nous, aussi bien qu'elle,
Suivre de près notre modèle,
Et conserver les sentimens
Que vous nous inspirez sans cesse !
Quel bonheur pour notre jeunesse !
Nous vous consolerions au déclin de vos ans :
Ce sont nos vœux. O ciel, prolonge sa carrière.
Qu'elle voie notre caractère
Constant, flexible, mieux formé
Et bien plus digne d'être aimé.

VICTOR.

Maman, c'est l'ingénuité
Qui vous parle par mon organe.

Ne craignez pas que je profane
Ce que prescrit la vérité.
J'ai bien quelque léger caprice,
Mais mon cœur n'est jamais complice
Des écarts où je puis donner :
Vous devez me les pardonner.
J'aime trop les jeux de l'enfance ;
J'agis souvent sans conséquence,
Maman, je dois en convenir ;
Mais aussi je puis soutenir
Que je sens bien que je vous aime,
Et que mon plaisir est extrême
Quand je vous jure, en ce moment,
Que mon amour sera constant.

LOUIS.

Oh! j'ai bien pu, par imprudence,
Maman, vous jeter dans l'erreur,
Et vous faire juger par la seule apparence ;
Mais ne doutez pas de mon cœur :
Il ne connaît point l'imposture,
Il ne sera jamais ingrat ;
Et ma tendresse, je vous jure,
N'a rien qui ne soit délicat.
Usez envers moi d'indulgence :
Un peu plus de maturité
Vous convaincra de ma constance
Comme de ma fidélité.
Ah! puissiez-vous me voir à l'âge
Où, plus raisonnable et plus sage,

Je saurai mettre un plus haut prix
A vos salutaires avis.

(*La couronne qu'on doit présenter doit être placée sur un tabouret, au milieu du demi-cercle que formeront les acteurs. Les deux demoiselles se placeront, l'aînée au côté droit du tabouret, avec Guillot, et la cadette au côté gauche, avec Victor et Louis. Après qu'on aura fini le compliment, ils formeront un cercle en se prenant les mains, et Mariette chantera, sur l'air : Qui marierons, etc., en commençant la danse ronde.*)

MARIETTE.

Ce moment fortuné   Bis.
Pour nous charmer nous est donné.
Chantons, dansons, oh gué!
Tout nous inspire
Ce délire,
Tout nous inspire la gaîté.

NANCI.

Embrassons tour à tour
L'objet chéri de notre amour.
Chantons, dansons, oh gué!
Tout nous inspire
Ce délire,
Tout nous inspire la gaîté.

ENSEMBLE.

Guillot, avancez-vous,
Mettez-vous au milieu de nous.

BOUQUETS.

Chantons, dansons, oh gué!
Tout nous inspire
Ce délire,
Tout nous inspire la gaîté.

Avant ce doux moment,
Saluez-la profondément.
Chantons, dansons, oh gué!
Tout nous inspire
Ce délire,
Tout nous inspire la gaîté.

(*On ouvre le cercle pour le faire sortir; il va embrasser sa grand-maman, après avoir fait un salut profond avant et après; ainsi des autres. Il faut, après chacun des couplets suivans, dire de suite* : Avant ce doux moment.)

NANCI.

Ma sœur, avancez-vous, etc.

MARIETTE.

Nanci, séparez-vous, etc.

ENSEMBLE.

Victor, avancez-vous, etc.
Louis, avancez-vous, etc.

Couronnons-la de fleurs,
Peignons, par leurs vives couleurs,

BOUQUETS.

Chantons, dansons, oh gué!
La douce flâme
Dont notre âme
Brûle sans perdre sa beauté.

(*Les deux demoiselles prennent la couronne, et vont, accompagnées de leurs frères, la mettre sur la tête de leur grand-maman, et se retirent après avoir salué.*)

BOUQUET DE FAMILLE,

DONNÉ PAR MARIETTE, NANCI, GUILLOT, VICTOR ET LOUIS.

MARIETTE.

Chère Nanci, que nous sommes heureuses!
    Le ciel nous comble de faveurs,
    Et mille espérances flatteuses
    Chaque jour naissent dans nos cœurs.
    Auprès d'une mère chérie
    Nous coulons les plus doux momens,
    Et nous puisons pour notre vie
    Les plus utiles documens.
Eh! quel père!...

NANCI.

    Oh! ne t'en déplaise,
Mariette, c'est à mon tour.
N'est-il pas vrai que tu serais bien aise
    De parler seule en ce beau jour?

MARIETTE.

Mon ame à la tienne est unie,
Mon cœur est le tien ne font qu'un;
Ainsi, nous pouvons sans envie
Chanter notre bonheur commun.
Ce que notre devoir réclame
Doit être embelli par l'amour.
Or, l'amour filial excite dans notre ame
La même ardeur et le même retour.
Chantons des pères le modèle;
Un si beau nom nous intéresse tous.
Soyons d'accord, brûlons du même zèle.
Enfans chéris, pensez-vous comme nous?

GUILLOT.

Oh! je réponds de ma tendresse,
De mon respect et de mes sentimens;
Sans les écarts où ma jeunesse
Me fait donner de temps en temps,
Hélas! que je serais tranquille!
Mais j'espère qu'à l'avenir
Pour gagner ses bontés tout me sera facile.
Plût à Dieu qu'il connût quel est mon repentir!
Ses tendres soins et son inquiétude,
Quand il nous voit les moindres maux,
Semblent taxer d'ingratitude
Celui de nous qui garde ses défauts.

BOUQUETS.

VICTOR.

Et moi qui l'aime bien, je ne puis pas comprendre
Par quel sort je suis si distrait;
Car je sais qu'il souffre d'apprendre
Tous les reproches qu'on me fait.
Qu'il est joyeux, quand je mérite
D'avoir son applaudissement!
Ah! je vais changer de conduite,
Pour lui donner plus de contentement.

LOUIS.

Quand il ne serait pas mon père,
Je l'aimerais de tout mon cœur.
La bonté de son caractère,
Sa patience, sa douceur,
Tout annonce qu'il est aimable,
Et tout me dit qu'on doit l'aimer.
Je le fais bien; mais je suis trop blamable...
Ah! j'en rougis, je n'ose m'exprimer.

NANCI, *sur l'air : Triste raison, etc.*

Père, adoré, ta tendresse nous touche,
Tu seras seul l'objet de nos concerts;
Et ton nom va voler de bouche en bouche
Pour ranimer nos accens et nos airs.

MARIETTE, *sur le même air.*

Toi, dont la main file les destinées,
De ses momens n'abrège point le cours;

Mais si tu peux prolonger ses années,
Sans hésiter, retranche de nos jours.

ENSEMBLE.

Ornons de fleurs cette tête chérie,
Elles seront l'emblême de nos vœux :
Et si demain leur couleur est flétrie,
De notre ardeur renouvelons les feux.

MARIETTE.

Ah ! Nanci, quel charmant délire !
Nous allons embrasser l'objet de notre amour,
Celui qui sur nos cœurs exerce un doux empire.

NANCI.

Puisse-t-il connaître en ce jour
Notre respect, notre tendresse !...
Je ne puis peindre mon transport,
Mon cœur tressaille d'allégresse.
Peut-on jouir d'un plus beau sort ?

(*Elles s'approchent pour l'embrasser, ainsi que leurs frères.*)

MARIETTE.

Ce jour de triomphe et de gloire
Est pour nous le plus heureux jour ;
Nous en ferons graver l'histoire
Par la main même de l'amour.
Le respect, la reconnaissance
De leur côté mettront leur trait.
Ils vont être d'intelligence
Pour nous retracer son portrait.

BOUQUETS.

NANCI.

Dès ce moment plein d'allégresse
Que de vœux ne seront pas faits!
Vœux suggérés par la tendresse
Que nous inspirent ses bienfaits!
Les vœux que forme l'innocence
Ont au ciel un facile accès :
Ses vertus à notre espérance
En garantiront le succès.

(*Elles font une révérence, et leurs frères un salut. Tous se remettent à leur place.*)

CHANSON EN CHŒUR.

Que les échos de ces lieux
Répètent le nom de Pierre,
Que les échos de ces lieux
Répètent nos chants joyeux.
Pan, pan, pan, pan, pan, pan, pan,
Célébrons ce jour prospère :
Pan, pan, pan, pan, pan, pan, pan,
Célébrons ce doux instant.

NANCI.

Ah! quel plaisir de chanter,
Quand c'est le cœur qui s'exprime!
Ah! quel plaisir de chanter
Ce que le cœur veut dicter!
Pan, pan, pan, pan, pan, pan, pan,
Se taire serait un crime,
Pan, pan, pan, pan, pan, pan, pan,
Montrons notre empressement.

BOUQUET SYMBOLIQUE,

EN UN ACTE.

SCÈNE PREMIÈRE.

EUPHROSINE, AGNÈS, CÉCILE.

EUPHROSINE.

Vertus, qui descendez du céleste séjour,
    Pour habiter en ces retraites,
    Inspirez-nous en ce beau jour ;
De nos désirs soyez les interprètes.
Régnez, régnez, présidez à nos jeux :
De vos leçons la sagesse est divine.
    Vous nous les donnez en ces lieux
    Par l'organe de Joséphine.
Dirigez nos concerts, ranimez nos accens,
    Et rendez notre voix touchante ;
    Avons-nous besoin d'ornemens,
    Quand l'art n'est pas ce qui nous tente?

La candeur, la simplicité,
Doivent chanter la plus tendre des mères.
Plus nous aimons l'objet vanté,
Plus nous devons être sincères.

AGNÈS.

Les discours qui touchent le plus
Sont ceux que dicte l'innocence :
Loin de nous ces traits superflus
Qu'invente une vaine éloquence.
Quand le cœur aime sans détour,
La bouche s'exprime de même,
Et l'éloquence de l'amour
Ne connait point de stratagème.

CÉCILE.

Oui, oui, ce seront la tendresse,
Le respect, l'ingénuité,
Et les transports d'une vive allégresse
Qui régleront cette solennité.

SCÈNE SECONDE.

(Pendant que Cécile chantera les couplets suivans, les autres deux iront chercher, dans un endroit voisin, une corbeille garnie d'une propre mousseline, où il y aura une couronne de fleurs, entrelacée de verdure. Euphrosine l'attachera à son cou avec un ruban blanc, pendant qu'Agnès portera dans un panier une ou deux branches de giroflée, garnies d'un nœud couleur de rose; une ou deux

branches de bouton-d'or, garnies d'un nœud couleur aurore; plus un bouquet de violettes, garni d'un nœud blanc; trois ou quatre narcisses, garnis d'un nœud blanc; un bouquet de marguerites, garni d'un nœud couleur de feu; deux ou trois branches de jacinthes, garnies d'un nœud de leur couleur; une branche de myrte, garnie d'un nœud bleu-clair. Etant arrivées sur la scène, Euphrosine, qui porte la couronne, se mettra au milieu, Agnès à la droite, et Cécile à la gauche.)

CÉCILE.

AIR : *Pendant que tout sommeille.*

Que notre ame est ravie !
Bénissons un tel choix ;
Sous de plus douces lois
Peut-on passer sa vie ?
Son joug charmant,
A tout moment,
Anime notre zèle.
Objet pour nous rempli d'attraits,
Puisses-tu régner à jamais,
Au sein d'une solide paix,
Sur ton troupeau fidèle.

(Il faut, comme on a remarqué, que Cécile soit sur la fin de ce couplet, lorsque les autres deux paraîtront pour porter la couronne et les fleurs.)

AGNÈS.

L'aimer beaucoup et le lui dire,
C'est un plaisir des plus flatteurs.

BOUQUETS.

Par la douceur de son empire
Elle a triomphé de nos cœurs.
La prudence en conduit les rènes,
L'exemple nous fait obéir ;
Et sa bonté calme nos peines,
S'il est possible d'en sentir.

CÉCILE.

La couronne qu'on lui destine,
Ce sont les cœurs qu'elle a vaincus ;
Il n'en est pas que Joséphine
N'ait subjugué par ses vertus.
La gaîté voltige auprès d'elle,
Sous les ailes de la pudeur ;
Ses yeux sont un miroir fidèle,
Qui nous annonce sa candeur.

SCÈNE TROISIÈME.

(*Agnès distribue les fleurs en cette manière : elle donne à Euphrosine la giroflée, le bouton-d'or et le myrte ; à Cécile, les marguerites et les violettes ; à Agnès, les narcisses et les jacinthes.*)

EUPHROSINE.

AIR : *Heureux séjour de l'innocence.*

(*Les couplets suivans peuvent encore se chanter sur les airs : Avec les jeux dans le village; Du serin qui te fait envie, et Des simples jeux de son enfance, etc.*)

Ton teint, charmante giroflée,
Par ton éclat charme nos yeux ;
Tu rappelles dans ma pensée
Le souvenir des plus beaux feux.
Dans chaque saison la nature
T'orne des plus brillans attraits.
Ainsi, la flamme la plus pure
Brûlera nos cœurs à jamais.

(*Elle présente la giroflée à madame la supérieure, se retire en faisant une profonde inclination, et va se remettre à sa place.*)

AGNÈS.

Notre mère a trouvé des armes
Contre tout appas séducteur,
Et Narcisse, épris de ses charmes,
Se vit changer en cette fleur.
Sa couleur ne forme un contraste,
Dans le bouquet que nous offrons,
Que pour nous peindre le cœur chaste
De l'objet que nous célébrons.

(*Elle présente les narcisses avec la même cérémonie, et se remet à sa place.*)

CÉCILE.

Comme un rubis la marguerite
Brille parmi les fleurs des champs :
Joséphine, par son mérite,
Brille aussi parmi ses enfans.

Si l'une rampe, elle est trahie
Par l'éclat qui frappe nos yeux.
Loin de s'élever, l'autre oublie
Qu'elle a mille talens heureux.

(*Elle présente les marguerites avec la même cérémonie.*)

EUPHROSINE.

Ce bouton-d'or, sur qui l'aurore
Préfère de verser ses pleurs,
Par ce vermeil qui le décore,
Est une image de ses mœurs;
Et le métal incorruptible
Dont il imite la beauté
Est l'emblème le plus sensible
Qui peigne leur intégrité.

(*Elle présente le bouton-d'or.*)

CÉCILE.

La violette orne un parterre,
Quand le printems est de retour;
Et par ses talens notre mère
Semble renaître chaque jour.
L'une sous un épais feuillage
Se cache avec humilité;
L'autre, en recevant notre hommage,
Rougit de l'avoir mérité.

(*Elle présente le bouquet de violettes, et va se remettre à sa place.*)

BOUQUETS.

EUPHROSINE.

Le myrte, selon les poètes,
Est l'arbre chéri de l'amour ;
Des cœurs de vos jeunes conquêtes
Il vous peint le tendre retour.
Loin de nous toute flamme impure ;
Captivons-nous pour notre époux ;
Sa chaîne peut-elle être dure
Sous une mère comme vous !

(*Elle présente le myrte, et se remet à sa place.*)

AGNÈS.

Par notre adresse, la jacinthe
Fleurit, malgré les aquilons,
Et sa nature un peu contrainte
Forme un printems dans nos maisons :
De même notre mère brave
Tous les hivers de sa santé,
Pour se montrer toujours l'esclave
Du zèle et de la charité.

(*Elle présente les jacinthes, et se remet à sa place.*)

SCÈNE QUATRIÈME.

(*Elles s'avancent toutes les trois dans le même rang où elles étaient, et lorsqu'elles sont arrivées auprès de madame la supérieure, Euphrosine s'exprime sans chanter.*)

EUPHROSINE.

Nos chansons, nos voix, nos accens,
Dans les éloges qu'on vous donne,
Répondent à nos sentimens.
C'est l'amitié qui vous couronne
Et vous offre des vœux constans.
Vivez, vos conseils salutaires
Combleront toujours nos désirs.
J'espère que le ciel, sensible à nos prières,
Voudra prolonger nos plaisirs.

(*Agnès et Cécile prennent la couronne de la main qui est du côté de la corbeille, et la mettent sur la tête de madame la supérieure. Et, après une profonde inclination, elles vont se mettre à leur place, dans le même ordre où elles étaient.*)

SCÈNE CINQUIÈME ET DERNIÈRE.

EUPHROSINE.

AIR : *Tu t'en souviendras, la lira, etc.*

(*Le chœur, c'est-à-dire, toutes les trois doivent répéter le commencement et la fin de chaque couplet, et battre des mains au refrain,* Tout retentira, la lira, *autant de coups qu'il y a de syllabes dans ces deux vers.*)

> Que chacune, en ce jour charmant,
> Prenne l'humeur badine ;
> Un véritable attachement
> Veut-il qu'on le devine ?
> Tout retentira,
> La lira,
> Du nom de Joséphine.

AGNÈS.

> Mitigeons aujourd'hui les lois
> De notre discipline,
> Et répétons cent et cent fois,
> Jusque dans la cuisine :
> Tout retentira,
> La lira,
> Du nom de Joséphine.

CÉCILE.

> Cette innocente liberté
> Que le sort nous destine,
> Peut se permettre un jour fêté,
> Quand la gaîté domine.
> Tout retentira,
> La lira,
> Du nom de Joséphine.

BOUQUETS.

EUPHROSINE.

Son empire est un des bienfaits
De la bonté divine ;
Que dans le séjour de la paix
Sa course se termine,
Tout retentira,
La lira,
Du nom de Joséphine.

AGNÈS.

Pour nous son cœur est attendri,
J'en juge par sa mine,
Embrassons cet objet chéri,
Commencez, Euphrosine :
Tout retentira,
La lira,
Du nom de Joséphine.

(*Elles vont l'embrasser respectueusement.*)

BOUQUET

PRÉSENTÉ PAR DEUX FRÈRES ET UNE
SOEUR A CATHERINE, LEUR MÈRE.

L'AINÉ.

Zéphire a quitté nos vallées ;
Ce n'est plus la saison des fleurs :
Flore va dans d'autres contrées
Etablir leurs vives couleurs.
Nos arbrisseaux sont sans verdure,
Le gazon jaunit à nos yeux :
Tout est triste dans la nature.
Que ce contre-temps est fâcheux !
Comment former une couronne
Pour la meilleure des mamans ?

SA SOEUR.

Va, va, notre cœur est son trône,
Et nos plus tendres sentimens
Sont une couronne immortelle,
Qui du froid brave la rigueur ;
Une flamme toujours nouvelle
De notre amour nourrit la vive ardeur.

Quel tribut de reconnaissance
Ne lui doivent pas ses enfans !
Sa bonté, sa douceur, sa tendre complaisance,
Sont bien dignes de notre encens.

LE PLUS JEUNE.

Bon, bon, tu parles à merveille ;
Mais il me faut un bouquet en ce jour :
Quand j'ai des fleurs dans ma corbeille,
Je sens redoubler mon amour.
Un plus pressant désir m'entraîne.

L'AINÉ.

Mais tout s'oppose à tes projets.
L'aquilon, par sa froide haleine,
A suspendu la sève des œillets,
Des roses, du jasmin.....

LE PLUS JEUNE.

J'ai trouvé mon affaire.
Je suis à vous dans le moment :
Oh ! dame, je suis un compère
Qui ne dors point ; ce jour est trop charmant.

(*Il s'en va chercher le bouquet.*)

L'AINÉ A SA SŒUR.

Tant mieux, des fleurs seront l'emblême
Des vœux que nous allons offrir.

BOUQUETS.

LA SŒUR.

Oh! maman connaît bien qu'on l'aime.

LE PLUS JEUNE.

(*Il porte le bouquet et le donne à sa sœur.*)

Eh bien! vous ai-je fait languir?

L'AINÉ.

Non, Charles, ce bouquet m'enchante,
Mon cœur jouit d'un doux transport.
Et toi, ma sœur, es-tu contente?

LA SŒUR.

Ah! je bénis mon heureux sort.

L'AINÉ.

Oui, maman, je puis te le dire;
Notre amour est plein de candeur.
Cet air si bon, ce gracieux sourire,
Te font régner dans notre cœur,
Et nous font chérir ton empire.
Nous sentons encore pour toi
Cet intérêt que prend l'enfance,
Sur-tout quand la reconnaissance
D'une maman fait respecter la loi.
Par ce motif ta famille est soumise :
Ton amour maternel a captivé le sien;
Elle en est tellement éprise,
Que son cœur à jamais chérira ce lien.

BOUQUETS.

LA SŒUR, *en donnant le bouquet.*

AIR : *De ta main cueille des fruits.*

Objet chéri de tes enfans,
Tu règnes dans leurs ames,
Et leurs cœurs toujours constans
Brûlent des plus douces flammes.
Ranimons en ce beau jour
Notre tendresse et notre amour.

L'éclat de ces brillantes fleurs
Passe comme un nuage.
La tendresse de nos cœurs
Pour toi va croître avec l'âge.
Ranimons, etc.

BOUQUET

DE L'AUTEUR A SA COUSINE.

Si j'étais un habile auteur,
Je passerais vos talens en revue
Et cet ensemble si flatteur
Qui charme dès qu'on vous a vue.
Je peindrais la vivacité
De cet esprit plein de justesse,
Qui pénètre la vérité
Et juge avec délicatesse.
Je peindrais ces brillans appas
Dont vous embellit la nature,
Et sur-tout je n'oublîrais pas
Votre vertu solide et pure.
Mais, courbé sous le poids des ans,
Je ne puis plus grimper sur le Parnasse,
Quoique mon cœur, en ces momens,
Ne soit pas tout-à-fait de glace.
N'importe, quoique je sois vieux,
Je compte sur votre indulgence :
L'amitié qui dicte mes vœux
Ne court pas après l'élégance.

Cousine, ils valent bien leur prix :
La raison guide le vieil âge,
Et ses vœux murs et réfléchis
Sont toujours d'un heureux présage.
Vivez long-temps pour le bonheur
D'un époux tendre qui vous aime;
Et, si je consulte mon cœur,
Vous vivrez long-temps pour moi-même.

A SES ENFANS.

Bénissez votre sort heureux,
Enfans d'une si bonne mère,
Et, par les plus tendres aveux,
Faites voir qu'elle vous est chère.

BOUQUET

D'UN JEUNE ENFANT A SA MÈRE.

Je ne vaux rien pour garder le silence,
    Je parle toujours comme sept,
    Et si, quelque jour, par sentence,
    On me condamnait au *tacet*,
    Pour moi ce serait un martyre :
    Je parlerais plutôt à quelque rat
    Que de demeurer sans rien dire.
Il faudrait me fermer la bouche en cadenat.
    C'est un défaut ; je le sens bien moi-même :
    Entre nous, chacun a le sien ;
    Mais si je prouvais que je t'aime,
    Maman, tu ne dirais pas rien ?
    Jamais je n'eus autant envie
    De te parler qu'en ces momens.
    Sache donc, ô mère chérie,
    Que mille tendres sentimens
    Me naissent, le jour de ta fête,
    Dans tous les replis de mon cœur.
Je voudrais que ma bouche en devînt l'interprète ;
    Mais je vais passer pour jaseur.
    Je me tais donc, en dépit de ma langue,
    Dont le ressort était si bien monté ;
    Par ces huit mots je finis ma harangue :
Oui je t'aime, maman, et pour l'éternité.

BOUQUET

A UN PÈRE INFIRME.

GUI.

Mon cœur, aimable et tendre père,
En ce jour me dicte des vœux
Qu'un juste retour me suggère,
Et que l'amour adresse aux cieux.
Le respect, la reconnaissance,
Qui dirigent mes sentimens,
Pour t'assurer de ma constance
S'unissent en ces doux momens.
En tout chacun suit son caprice :
Le flatteur sans rougir blesse la vérité :
Mais ici mon amour devient une justice ;
Mon cœur sait bien que tu l'as mérité.
L'hommage que je viens te rendre
Peut-il te paraître douteux ?
N'as-tu pas le droit d'y prétendre ?
Ne rends-tu pas mon sort heureux ?
Que ne peux-tu, toujours tranquile,
Couler des jours tissus par la santé,
Et voir ta famille docile
Par ses progrès répondre à ta bonté !
Quelle serait ma jouissance,
Si l'Éternel, qui connaît ta vertu,

Comblait bientôt mon espérance
Par un bonheur inattendu !...
Quoi donc ! monstre cruel, horrible maladie,
Tu fais tomber tes coups sur un père si cher
  Et que j'aime plus que ma vie !
Quoi ! tu lui fais passer le temps le plus amer !
  Ah ! si mes vœux n'arrêtent point ta rage,
    Soulage du moins sa douleur
    Par un long calme après l'orage !
Va sur quelque barbare exercer ta fureur.
    Mais épargne un père si tendre,
    Qui, plein d'amour pour ses enfans,
    Se plait toujours à les entendre,
    Malgré les traits les plus perçans.

PAULINE.

Dans tous les temps il fut notre modèle.
A la douceur il joint l'art de charmer,
Et, dans l'excès de sa douleur cruèle,
Il ne cessa jamais de nous aimer.

AIR : *Maris qui voulez éprouver.*

  Tâchons, dans ces momens heureux,
    D'oublier nos justes alarmes,
  Et, par les plus tendres aveux,
    Faisons-lui goûter quelques charmes.
  Il connaît déjà notre amour,
    Il sait que nous sommes fidelles ;
  Rendons-nous dignes en ce jour
    De ses caresses paternelles.

BOUQUETS.

Dans ses regards et dans ses traits
Mes yeux découvrent sa tendresse,
Et mon cœur n'y pense jamais
Qu'il n'éprouve une douce ivresse.
Reçois mes vœux, père chéri,
Ils naissent du fond de mon ame ;
Et si ton cœur est attendri,
Pour toi le mien est tout de flamme.

Ta Pauline veut ton bonheur,
Et c'est pour toi seul qu'elle t'aime.
Tu vivras toujours dans son cœur,
Et ce sera mon bien suprême.
Parque, j'implore ton secours,
Toi qui files les destinées,
Retranche plutôt de mes jours,
Pour ajouter à ses années.

GUI.

Pour moi, je suis un bon apôtre,
Qui parle toujours franchement :
Je sais aimer tout comme un autre ;
Mais je le dis sans compliment.
C'est dans mon cœur qu'est toute ma science.
Mon attachement, mon amour,
Ma candeur et mon innocence
Dans ses plis et replis s'empressent tour à tour.

BOUQUET

A UN PÈRE ET A UN GRAND PÈRE.

C'est en ce jour que la gaîté
Doit jouir de la liberté,
  Dans un charmant délire.
Quand l'innocence nous conduit,
L'on peut dire, sans contredit,
   Le petit mot,
   Le joli mot,
  Le petit mot pour rire.

  Le ciel, qui permet nos plaisirs,
Sera propice à nos désirs,
  C'est lui qui les inspire.
Chantons l'objet de notre amour,
Disons sans cesse en ce beau jour
   Le petit mot,
   Le joli mot,
  Le petit mot pour rire.

  Père si digne de nos vœux,
Ah! que nous nous trouvons heureux
  Sous ton aimable empire!
Vis long-temps pour notre bonheur,

Pour que nous disions de bon cœur
>Le petit mot,
>Le joli mot,
>Le petit mot pour rire.

LA MÈRE.

A vous peindre ce que je sens
>Dans ces délicieux momens
>Je ne saurais suffire :
Que le ciel prolonge vos jours,
Et disons souvent dans leur cours
>Le petit mot,
>Le joli mot,
>Le petit mot pour rire.

Que mes vœux en votre faveur
Vous attirent tout le bonheur
>Que mon cœur vous désire.
Amis, buvons à leur santé.
Disons, au sein de la gaîté,
>Le petit mot,
>Le joli mot,
>Le petit mot pour rire.

CHANSONS.

LES RIDICULES.

Air : *Mon père était pot.*

Jadis les hommes sans défauts
    Habitaient sur la terre ;
Ils étaient bons, bien faits et beaux,
    D'un charmant caractère.
      Mais, trop langoureux,
      La gaîté pour eux
    Etait à peu près nulle ;
      Or Dieu, voyant ça,
      A chacun donna
    Un petit ridicule.

C'était beaucoup d'en avoir un,
    Comme on dit, pour la graine ;
Car voilà bientôt que chacun
    En eut une douzaine.

Puis on en eut cent,
Chaque jour chassant
Tous les petits scrupules ;
Si bien qu'aujourd'hui
Nul ne peut d'autrui
Compter les ridicules.

C'est une source de gaîté
　Sans cesse renaissante,
Et c'est pour la société
　Chose très-amusante.
　　L'un de l'autre rit ;
　　On jase, on médit,
　Et, sans que l'on calcule,
　　L'homme le moins fin
　　Connaît du voisin
　Le côté ridicule.

Or, puisque chacun a les siens,
　Nous avons tous les nôtres ;
A votre aise riez des miens,
　Moi je rirai des vôtres ;
　　Mais toujours gaîment,
　　Jamais méchamment,
　Joyeux et francs émules,
　　Indulgens pour tous,
　　Chantons, aimons-nous
Avec nos ridicules.

CHANSON.

Air *des Visitandines.*

A LA SŒUR G.....U.

O nœuds que l'amitié resserre,
Nœuds formés pour être éternels,
Vous adoucissez sur la terre
Nos maux, même les plus cruels ;   *Bis.*
C'est vous qui, par votre puissance,
Faites que mon cœur attendri
Ne craint que pour l'objet chéri
Qui me fait aimer l'existence.   *Bis.*

Ciel, si les vœux que je t'adresse
Fixaient Fanchette dans ces lieux,
Sous le fardeau de ma vieillesse
Je me croirais encore heureux.
Vains désirs ! la voilà partie....
Mais, ô sort, malgré ta rigueur,
Elle demeure dans mon cœur
Pour y régner toute la vie.

Quand on te dit, chère Fanchette,
Que j'avais subi le trépas,
Ton ame fut-elle inquiette ?
Mon sort ne te toucha-t-il pas ?

CHANSONS.

Ah! je le crois, fille charmante;
Mais, quand je causais tes regrets,
Mon ame faisait des progrès,
Pour être encore plus constante.

Hélas! quand je reçus ta lettre,
Ce fut de mes jours le plus beau;
Ton ami prit un nouvel être,
Je sortis comme du tombeau.
La vertu forma notre chaîne,
La gaîté seule l'embellit,
Et la vertu même applaudit
Au doux penchant qui nous entraîne.

Ta naïveté me rassure,
Tu songeras souvent à moi,
Et mon ame constante et pure
Ne s'occupera que de toi.
Les vœux d'une amitié fidelle
Bravent les caprices du sort,
Et, sans les rigueurs de la mort,
Leur ardeur serait éternelle.

A DEUX JEUNES ÉPOUX.

AIR : *Que t'a donc fait cette charmante sœur ?*

CHARMANS époux qu'unit un heureux sort,
Pour bien passer tous vos jours sans nuage,
Que vos deux cœurs s'accordent sans effort ;
Embellissez les lois du mariage ;
 Soyez amis, soyez amans,
Et partagez (*bis*) vos plaisirs, vos tourmens.

 Dans vos soucis consultez l'amitié,
Si vous voulez dissiper vos alarmes ;
Un tendre époux de sa chère moitié
Possède seul l'art de sécher les larmes.
 Soyez amis, etc.

 Que, pour chanter votre commun bonheur,
Toutes les voix ici se réunissent ;
Que du refrain que m'inspire mon cœur
Dans ce séjour les échos retentissent.
 Soyez amis, etc.

CHANSON.

Air : *Que t'a donc fait cette charmante sœur?*

Je t'aime bien, Lise, c'est sans détour,
De ce penchant, je ne puis me défendre.
Mon cœur pour toi s'enflamme chaque jour.
Comme il bat vite! ah! puisses-tu l'entendre!
   Oui, c'est ainsi   *Bis.*
Que sait aimer (*bis*) ton plus fidèle ami.

Quand tes beaux yeux, où règne la candeur,
Lancent sur moi quelques regards propices,
Je crois alors être au sein du bonheur :
Mon cœur te fait les plus beaux sacrifices.
   Oui, c'est ainsi
Que sait aimer ton plus fidèle ami.

De l'amitié suivons toujours la loi,
Et que l'amour ranime nos pensées.
Que risques-tu, quand il est avec toi?
Ta vertu rend ses flèches émoussées.
   Oui, c'est ainsi
Que sait aimer ton plus fidèle ami.

POUR UN MARIAGE.

Air *de la Paille.*

Je voudrais à jamais bénir
L'époque de ce mariage,
Et par l'attrait du souvenir
Célébrer votre heureux ménage.
Rions, chantons, heureux époux.
Que ce jour soit de bonne augure,
Et semble annoncer parmi nous
Votre prospérité future. *Bis.*

L'amour, dit-on, est le tombeau
De l'enfant qui règne à Cythère;
Mais, par le traité le plus beau,
L'hymen s'accorde avec son frère.
Par cet accord mystérieux
L'hymen lui promet et lui jure
De faire en vivant tous les deux
Votre prospérité future.

Que vos peines et vos plaisirs
Se réunissent dans votre ame :
N'ayez que les mêmes désirs,
Les mêmes feux, la même flamme;
Que, dans vos propos, vos discours,
Votre amitié soit toujours pure;
Nous verrons croître tous les jours
Votre prospérité future.

A DEUX JEUNES ÉPOUX.

Air *de Madame Denis.*

Charmans époux, je bénis
Les nœuds qui vous ont unis;
Vous avez fait un serment,
 Souvenez-vous en;   *Bis.*
Ne faites pas que ce jour
Soit le tombeau de l'amour.

 L'amour est un fin matois,
Qui s'écarte quelquefois;
Caressez cet inconstant,
 Souvenez-vous en;
Car autrement ce frippon
S'envolerait sans façon.

 Les grâces et les appas
Pour lui ne suffisent pas;
C'est un cœur tendre et constant,
 Souvenez-vous en,
Et jamais rien ne va bien
Quand l'amour quitte l'hymen.

 Époux, à votre moitié
Parlez avec amitié,

Et soyez toujours amant,
  Souvenez-vous en;
C'est toujours par la douceur
Que se gagne un jeune cœur.

N'allez pas, pour quelques mots,
Vous gronder hors de propos.
Cédez sans ressentiment,
  Souvenez-vous en;
Rien ne trouble plus l'esprit
Que d'étouffer son dépit.

Partagez tous vos plaisirs,
Vos chagrins et vos désirs.
Vous vivrez paisiblement,
  Souvenez-vous en,
Et, pour le bonheur commun,
Vos deux cœurs n'en feront qu'un.

Je crois lire dans vos yeux
Que vous allez vivre heureux:
Tant mieux; j'en serai content:
  Souvenez-vous en;
Je désire votre bien
Autant que j'aime le mien.

Buvons tous à leur santé;
Faisons régner la gaîté;
Unissons en ce moment,
  Souvenez-vous en,
Tous nos vœux en leur faveur
Pour demander leur bonheur.

UNE AMIE A SON AMIE,

UN JOUR DE DÉPART POUR LA CAMPAGNE.

Air : *Comment goûter quelque repos ?*

Pourquoi voler sous d'autres cieux,
Toi qui partages ma tendresse ?
Près de toi je suis dans l'ivresse ;
Je lis mon bonheur dans tes yeux.
Hélas ! crois-moi, c'est dans l'absence
Que les chagrins se font sentir ;
Le cœur peut-il jamais jouir,
Quand il ne vit que d'espérance ?

Tu vas partir : le sentiment
Pour toujours m'enchaîne à ta vie.
Crois à mon cœur, ma douce amie ;
Il te promet d'être constant.
Dans les transports d'un cœur sincère
Hélas ! connaît-on d'autre bien
Que le bonheur d'un doux lien
Que la tendre amitié resserre ?

A DEUX ÉPOUX.

Air : *Bon voyage, cher du Molet.*

Quelle ivresse
D'être constant,
De s'aimer bien, d'exprimer sa tendresse!
Quelle ivresse
D'être constant!
De s'aimer bien qu'on doit vivre content!
Qui n'est pas vrai met du noir dans mon ame,
Je crains toujours qu'il ne vienne à changer;
Quand il promet, il est digne de blâme,
Si tôt ou tard il veut se dégager.
   Quelle ivresse, etc.

Fille sage
Doit rarement
Prêter l'oreille aux discours d'un volage;
Fille sage
Doit rarement
Prêter l'oreille aux discours d'un amant.
L'amant trompeur, bien loin d'être timide,
Fait d'abord voir sa sotte vanité :
C'est à son air que la vertu décide
S'il est perfide ou dit la vérité.
   Fille sage, etc.

CHANSONS.

Cher Amynthe,
Toute ma peur
Est que mon cœur n'étouffe un jour sa plainte ;
Cher Amynthe,
Toute ma peur
Est que mon cœur n'expire de douleur.
Que je voudrais que tu fusses sincère !
J'aurais pour toi le plus juste retour :
Avec plaisir je serais ta bergère ;
Je bénirais sans cesse mon amour,
Cher Amynthe, etc.

COUPLET.

AIR : *Philis demande son portrait.*

Lisette à ce vaste univers
Ta guitare est semblable :
De tous ses mouvemens divers
L'accord est admirable.
Quand chaque corde, sous tes doigts,
Concourt à l'harmonie,
Elle t'apprend ce que tu dois
Faire pendant ta vie.

POUR AGATHE.

Air : *Pourriez-vous bien douter encore?*

Sans l'avis du Dieu de Cythère,
L'hymen voulait forger vos nœuds :
Mais l'amour calma sa colère ;
Il fut fait un accord entre eux.
L'hymen dit : Je fais la promesse
De leur rendre mon joug léger.
Ces époux sont pleins de sagesse ;
Rien ne peut les faire changer. *Bis.*

Pour moi, répond l'amour volage,
Comme Agathe est pleine d'attraits,
A vivre avec eux je m'engage,
Pour ne m'en séparer jamais.
Si la vieillesse éteint les flammes
Que je fis naître dans leurs cœurs,
Je conserverai dans leurs ames
Le souvenir de mes faveurs.

L'amitié naïve et tranquile,
Présente à cet accord charmant,

De ne point quitter votre asyle
Tout aussitôt fit le serment.
Damon, vous vivrez sans alarmes
Près de votre aimable moitié.
Elle va fixer, par ses charmes,
L'hymen, l'amour et l'amitié.

Sa mère est une des trois grâces,
Qui joint l'esprit à la beauté.
Vous verrez marcher sur ses traces
Les ris, les jeux et la gaîté.
L'objet qui fixa sa tendresse
Est un modèle de candeur.
Ce couple charmera sans cesse
Et votre esprit et votre cœur.

Que ton époux, charmante Agathe,
Verra couler d'heureux instans!
Ce doux avenir qui le flatte
Lui promet des plaisirs constans.
Auprès de l'objet qui l'engage
Son cœur est tendrement ému.
Quel bonheur, quand le mariage
Unit l'honneur à la vertu!

LE BONHEUR CHAMPÊTRE.

Air : *Je le tiens ce nid de fauvette.*

Thomas, dans son humble chaumière,
Vit content, paisible, joyeux;
Il est pauvre; mais sur la terre
Est-il un mortel plus heureux?
Nul chagrin n'attriste son ame,
Nul remords ne trouble ses sens;
Il est adoré de sa femme,
Il est chéri de ses enfans.

Lorsque le berger de la plaine
Le soir ramène son troupeau,
Thomas, en oubliant sa peine,
Retourne gaîment au hameau.
Là, dans une cabane obscure,
La tendresse, le sentiment,
L'amour, l'amitié, la nature,
La fidélité, tout l'attend.

Il entre, ô transport d'allégresse!
Sa jeune épouse, ses enfans,
Jouissent, au sein de l'ivresse,
Des plus tendres embrassemens.

Ah! mon ami, dis-nous de grâce,
Lui dit sa femme, es-tu bien las?
— Je te revois, je les embrasse :
Ah ! puis-je l'être entre vos bras?

Soudain dans la sombre chaumière
Par Lison le couvert est mis;
Le feu brille, une lampe éclaire,
Et Thomas déjà s'est assis.
Sur son genou monte Suzette,
Sur l'autre se place Colin;
Lison va, vient, Lison apprête
Et sert le champêtre festin.

Quel souper! quelle aimable fête!
On mange, on rit, on est content;
Papa, maman est satisfaite,
Lui dit Colin, en l'embrassant.
Maman nous aime à la folie;
Nous n'avons point été méchans;
Papa conte-nous, je te prie,
Une histoire de revenans.

Contenter votre bonne mère,
Chers petits, c'est me contenter;
Elle vous aime, il faut lui plaire,
La chérir et la respecter.
Allons, je dois vous satisfaire,
Vous l'avez mérité tous deux;
Ecoutez bien,... et ce bon père
Redevient enfant avec eux.

Que vois-je! leur plaisir s'envole,
Et leurs yeux ont peine à s'ouvrir;
Enfin bientôt sur chaque épaule
Thomas les contemple dormir.
O félicité vive et pure!
Heureux père! quel doux fardeau!
Vous tous, amis de la nature,
Venez admirer ce tableau.

Déjà Thomas et son amie
Dans leur lit cherchent le repos,
Et sur leur paupière assoupie
Morphé répand tous ses pavots.
Ils dorment; nul songe terrible
Ne vient tourmenter leur sommeil;
Ils dorment d'un sommeil paisible,
Sans craindre l'instant du réveil.

Êtres rampans et méprisables;
Vous dont l'avarice est la loi;
Vous orgueilleux insatiables;
Vous gens du monde, écoutez-moi:
Travailler, nourrir sa famille,
L'aimer pour Thomas est bien doux;
Thomas n'a rien, chez vous l'or brille;
Thomas est heureux : l'êtes-vous?

CHANSON.

Air : *Jeunes amans, cueillez des fleurs.*

L'aîné des amours voyageait
Sur un char avec Euphrosine ;
Et l'hymen près d'eux partageait
Leur humeur riante et badine.
Pourquoi donc ne pas avancer ?
Dit ce Dieu qui portait leurs chaînes ;
Nous ne craignons pas de verser,
C'est la raison qui tient les rênes.

Allons vite, poursuit l'hymen,
Fixer cette grâce charmante,
Et par le plus heureux lien
La rendre sensible et constante.
Cet amour est pur comme l'or,
Il sera plein de complaisance.
Il connaît le prix du trésor
Que je confie à sa prudence.

Elle portera le bonheur
Dans le séjour où je l'appelle :
Et je nourrirai dans son cœur
Une flamme toujours nouvelle.
Les ris, les jeux et les appas
Quitteront l'île de Cythère,
Et voltigeront sur ses pas,
Pour embellir la Font-Macaire.

CHANSON.

Air : *Jeunes fillettes.*

Soyez, Manète,
Pleine de candeur,
La lirète ;
Soyez, Manète,
Pleine de candeur.
Une ame honnête
Goûte un vrai bonheur,
La lirète ;
Une ame honnête
Goûte un vrai bonheur.

Fuyez, brunète,
Les plaisirs bruyans,
La lirète ;
Fuyez, brunète,
Les plaisirs bruyans.
Tout vous répète
Qu'ils sont séduisans,
La lirète ;
Tout vous répète
Qu'ils sont séduisans.

CHANSON.

Air : *Robin a des clochettes.*

Un borgne sur la place
Voit un bossu qui passe,
Et dit d'un ton railleur :
Bon jour au voyageur,
Bon jour, bon jour au voyageur,
Bon jour au voyageur.

    Vous avez de bonne heure
Fait dans votre demeure
Votre porte-manteau ;
Partez, il fera beau,
    Partez, etc.

    Vous êtes moins précoce,
Lui dit l'homme à la bosse,
Qui badine à son tour :
Chez vous il n'est pas jour,
    Chez vous, etc.

    Il le sera peut-être
Quand votre autre fenêtre
La clarté recevra :
Bon jour, restons-en là,
    Bon jour, etc.

CHANSON.

Air : *Dans les bosquets de Cythère.*

Sur une rose naissante
Quand tu promènes les yeux,
Elle te paraît charmante,
Tout en est délicieux.
De près si tu l'examines,
Colinette, tu verras
Qu'elle a toujours des épines
Pour défendre ses appas.

Elle est, aimable bergère,
L'emblême de la beauté,
Qui présente un front sévère
Quand le vice est effronté.
A remporter la victoire
Dispose toujours ton cœur.
Rien n'est plus beau que la gloire
Qui couronne la pudeur.

LE LARCIN.

Air : *Mon enfant, fais comme ton père.*

Tout est variable à la ville,
Le goût, l'amour, les sentimens :
Au village on est plus tranquille,
Nos plaisirs sont vrais et constans.
Un berger (*bis*) rarement s'expose
A faire des sermens en vain ;
Il est tremblant ; jamais il n'ose
Commettre le moindre larcin. *Bis.*

Lise va-t-elle au paturage,
J'aide à conduire son troupeau ;
Mais, sommes-nous hors du village,
Nous nous arrêtons sous l'ormeau.
D'une fleur (*bis*) fraîchement éclose
S'il m'arrive d'orner son sein,
Je suis tremblant ; jamais je n'ose
Commettre le moindre larcin.

Je suis tendre, je suis sincère,
Lui dis-je en soupirant un jour ;
Verrai-je bientôt, ma bergère,
L'hymen couronner mon amour ?

L'incarnat (*bis*) dont brille la rose
Embellit son air enfantin.
Je pris un baiser, moi qui n'ose
Commettre le moindre larcin.

Rien ne plaît tant dans une belle
Que le rouge de la pudeur;
Mon amour redoubla pour elle,
Je m'écriai dans mon ardeur :
Pardonnez (*bis*) à si peu de chose;
Je serai plus sage demain :
Punissez-moi si jamais j'ose
Commettre le moindre larcin.

COUPLET.

Air : *On dit que le mariage.*

Si la rose à son aurore
Nous peint ton éclat charmant,
Songe, belle Eléonore,
Que son règne est d'un moment.
Mais veux-tu, dans ta vieillesse,
Briller par d'autres attraits?
Sous les lois de la sagesse
Fais chaque jour des progrès.

CHANSON.

Air : *O Fontenay.*

Petits oiseaux, le printems vient de naître,
Rassemblez-vous dans les bois d'alentour;
Chantez le dieu qui vous a donné l'être,
Oiseaux, chantez le printems et l'amour.

Choisissez-vous une tendre fauvette,
Par vos chansons cherchez à l'enflammer,
Et répétez sans cesse à la pauvrette
Que le printems est la saison d'aimer.

Si vous charmez, soyez toujours fidelles,
En voltigeant on échappe au bonheur;
Petits oiseaux, dans vos ardeurs nouvelles,
Souvenez-vous que vous n'avez qu'un cœur.

Aimable objet qui sauras toujours plaire,
A mes couplets viens prêter tes accens :
Fut-il jamais un choix plus juste à faire?
C'est à la rose à chanter le printems.

LE JEU DE PIQUET.

Air *de Dorilas.*

Celui, dit-on, qui se marie
Fait comme qui joue au piquet ;
Il croit avoir belle partie,
Quand il épouse un bel objet.   *Bis.*
Beau jeu flatte son espérance ;
Mais s'il s'écarte comme un sot,
Il voit bientôt tourner la chance,
Et finit par être capot.   *Bis.*

La jeune Elise était contente,
Et vantait partout son bonheur:
Bientôt sa couleur dominante
Etait quinte majeure en cœur.
Mais son époux la décourage
Par une sixième en carreau ;
Elle voit que le mariage
De l'amour creuse le tombeau.

Au jeu d'hymen point de surprise,
Jouez à bon jeu bon argent ;
Une femme tendre et soumise
Ne veut point d'époux exigeant.
Ah ! pour une faute légère,
N'allez pas marquer sans pitié ;
Il ne faut pas être sévère
Quand on joue avec sa moitié.

CHANSON DE TABLE.

Air : *On dit que dans le mariage.*

Mes amis, vidons la bouteille,
Buvons jusqu'à demain matin :
Ici nous sommes à merveille ;
Allons, il faut nous mettre en train.
 Chantons, divertissons-nous,
 Buvons de ce jus si doux,
Que le vin ici nous abonde.
   Vive le vin,...   *Bis.*
  L'ami de tout le monde.

 Quel plaisir ! ah ! quelle allégresse !
Lorsqu'à table on boit de bon vin ;
Chacun doit bannir la tristesse
Et répéter ce cher refrain :
 Chantons, etc.

 Amis, ne quittons point la table,
Savourons ce bon jus divin,
Et de ce nectar agréable
Remplissons nos verres sans fin.
 Chantons, etc.

 Qu'il est doux de passer sa vie
Près de Bacchus, près de l'amour !
C'est un sort bien digne d'envie :
Offrons-leur nos cœurs tour à tour.
 Chantons, etc.

A M. L. T.....-O......

Air : *Le petit mot pour rire.*

J'ai dix-sept lustres bien comptés,
Les maux et les infirmités
Ne cessent de me suivre :
Souvent de mon sort je gémis ;
Mais vient la fête de Louis,
Je suis content (*bis*), je suis content de vivre.

La reconnaissance et l'amour
Me le font chanter en ce jour,
De plaisir je suis ivre :
Ma voix effarouche les ris ;
Mais je connais le bon Louis,
Je suis content (*bis*), je suis content de vivre.

Louis est un préfet savant,
Qui, doué d'un cœur excellent,
Sans cesse au bien se livre :
Quand je viens d'entendre Louis,
Je renonce à tous mes soucis,
Je suis content (*bis*), je suis content de vivre.

Que le ciel, sensible à mes vœux,
De tout événement fâcheux
A jamais le délivre !
Je sentirai moins la douleur :
Si je le vois dans le bonheur,
Je suis content (*bis*), je suis content de vivre.

CHANSON.

AIR NOUVEAU.

La pâle Mort, au front d'airain,
Volait de l'un à l'autre pôle,
Portant un hibou sur la main
Et son dard aigu sur l'épaule,
Quand elle dit : Qu'entends-je là ?
J'y jette déjà l'épouvante...
Par Pluton ! Faustine en mourra ;
Fût-elle cent fois plus charmante.

Ah ! monstre plein de cruautés,
Lui dit la Santé tout en larmes !
Quoi ! tant de belles qualités
Ne te font point quitter les armes ?
Non, dit-elle, je me nourris
Des maux que causent mes atteintes,
Et je suis toujours sourde aux cris
De ceux qui m'adressent des plaintes.

Exerce ton empire ailleurs ;
Malgré toi je sauve Faustine :

Que peuvent toutes tes fureurs
Contre une influence divine ?
Fanchette a tant formé de vœux,
Que le ciel, devenu prospère,
M'envoie un baume précieux,
Qui prolongera sa carrière.

La Mort, plus vite qu'un éclair,
Délogea de votre retraite,
Et fit dans les plaines de l'air
Craquer son horrible squelette.
Puisse-t-elle voler long-temps
Loin du séjour de mon amie,
Et faire oublier des momens
Qui m'ont fait trembler pour sa vie!

CHANSON.

Air : *Peuple français.*

Une rose s'ouvrait à peine,
Et brillait entre mille fleurs :
Elle mérita d'être reine
Par son parfum et ses couleurs.
Un lys, s'élevant auprès d'elle,
La soutenait de son rameau ;
La rose en paraissait plus belle,
Et lui-même en semblait plus beau.

Bientôt la nature s'afflige :
On entend l'aquilon jaloux.
Du lys il fait trembler la tige,
Et la brise dans son courroux.
Hélas ! que deviendra la rose ?
Elle a perdu son seul appui.
Charmante fleur à peine éclose,
Ton soutien t'entraîne avec lui.

Un cyprès se met à sa place,
Zéphir s'enfuit épouvanté,
Et l'usurpateur plein d'audace
Domine avec impunité.
Flore gémit : elle s'oppose
Aux efforts de l'arbuste ingrat ;
L'an prochain on verra la rose
Reparaître avec plus d'éclat.

LE CORBILLARD.

Air *du Pas redoublé.*

Que j'aime à voir un corbillard !
　　Ce début vous étonne;
Mais il faut partir tôt ou tard,
　　Le sort ainsi l'ordonne;
Et, loin de craindre l'avenir,
　　Moi, dans cette aventure,
Je n'aperçois que le plaisir
　　De partir en voiture.

En voiture nos bons aïeux
　　Se plaisaient; mais, du reste,
Chez eux, quand on fermait les yeux,
　　On était plus modeste.
Nous n'avons pas, vous le voyez,
　　Leur ton ni leur allure;
Nous mettons les vivans à pied
　　Et les morts en voiture.

Le riche en mourant perd son bien;
　　Moi je vois tout en rose;

Je n'ai rien, je ne perdrai rien,
: C'est toujours quelque chose.
Je me dirai : D'un parvenu
: Je n'ai pas la tournure;
Pourtant à pied je suis venu,
: Et je pars en voiture.

De ces riches qu'on trouve heureux
: Quel est donc l'avantage?
Ils font par des valets nombreux
: Suivre leur équipage;
Ce luxe ne m'est point permis,
: Ma richesse est plus sûre;
Un jour on verra mes amis
: Derrière ma voiture.

A mon départ, en vérité,
: Je songe sans murmure;
Pourvu que long-temps la gaîté
: Remise ma voiture :
O gaîté! lorsque tu fuiras,
: Invoquant la nature,
Je dirai : Fais quand tu voudras
: Avancer ma voiture.

PIÈCES DIVERSES.

ÉPITRE A MA CHATTE.

Qu'es-tu donc devenue, ô mon aimable chatte?
    Chatte amusante par tes jeux :
    Hélas! ton souvenir me flatte;
    Je plains ton destin rigoureux.
L'auriez-vous vue, ô gens du voisinage?
    Son poil est noir comme du jai;
En patte de velours prenant le badinage,
    L'œil pétillant et toujours gai.
    Un collier blanc comme l'albâtre
    Relève le dessous du cou :
    Miaulant à tous d'un air folâtre.
Elle est à la voirie, hélas! je ne sais où.
    Peut-être aussi, convives de la nôce,
    Par le forfait le plus atroce,
Votre estomac a-t-il causé mon deuil,
    Pour avoir été son cercueil.

Si le cas est, pour venger cette injure,
 Puissent les rats et les souris,
Faire chez vous telle déconfiture,
 Qu'on n'y trouve que des débris!
 Pour toi, chatte si regrettée,
Si pour les chats il est un Elysée,
 Ta gentillesse et tes appas
 T'y méritent le premier pas.
Pendant que Carrabi jouira de la vie,
 Elle me rappellera toujours
  De ta mine souple et jolie
  La finesse, les traits, les tours.
  O gens sans pitié, sans justice!
 Avec horreur j'apprends votre malice.
 Dans l'étang de D.... elle a trouvé la mort,
Quoiqu'elle méritât d'avoir un autre sort.
Dans le profond de l'eau les monstres l'ont jetée :
Peut-être, en courbouillon, lui-même l'a mangée.
Les poissons d'alentour, par cet appas tentés,
Sont venus pour ronger ses os ensanglantés.
 Car cet étang, d'après ce que l'on dit,
  Une année a donné le double de profit.
  Le ciel me vengera, j'espère,
  Et la perte m'est moins amère,
  Depuis que je tiens pour certain
  Qu'en toute perte on a du gain.

CONTRAT.

Le premier du mois de janvier,
  L'an mil-huit cent sixième,
Au retour du vieux calendrier,
  De l'empire le deuxième,
Votre famille, dont l'amour
Va croître toujours chaque année,
Va vous présenter tour à tour
L'étrenne la mieux concertée.
Pour validement transiger,
Dans l'acte que nous allons faire
Nous allons tous nous obliger :
Notre cœur sera le notaire.
Nous stipulons premièrement
Que celui dont l'ame légère
Voudra changer de sentiment
Soit réputé comme un faux frère ;
Item, qu'attendu que de tous
Vous faites votre unique étude,
Le contrevenant, parmi nous,
Soit coupable d'ingratitude.

Mais, chers parens, ne craignez rien,
Nous avons tous l'ame constante.
Ah ! nous vous chérissons trop bien,
Pour qu'elle devienne changeante ;
Comme nous savons dès long-temps
Que vos intérêts sont les nôtres,
Par ces présentes vos enfans
S'obligent, les uns pour les autres,
De vous payer d'un doux retour,
De vous secourir dans vos peines,
Et, par un filial amour,
D'entretenir vos douces chaînes.
Telles sont nos conventions,
Dont acte par devant notaire,
Sans nulles variations
Ni d'humeur ni de caractère.

ÉLÉGIE.

Petite blonde, à l'œil fripon,
Qui fais si bien la chattemitte,
Sans toutefois être hypocrite,
Je suis monté sur l'Hélicon,
Où j'ai bu de l'eau d'Hypocrène.
Que cet effort ne te surprenne :
Esope y monta comme moi,
Non pour chanter une Thérèse,
Mais pour pouvoir mieux à son aise
Du bon sens nous dicter la loi.
En prose comme en poésie
Apollon donne du génie ;
Il aime sur-tout l'inventeur :
De là vient qu'il mit sur la liste
Notre célèbre apologiste,
Quoiqu'il fût laid à faire peur.
Tu crois d'abord que je vais dire
Qu'à ton regard, à ton sourire,
Un cœur prend comme l'amadou,
Quand il sent la moindre étincelle
Qui part de ta vive prunelle ?
Que ta bouche je ne sais où

Puise mille charmantes choses?...
Ce n'est pas là le pot aux roses.
Je n'en veux qu'à cet air malin
Qui semble chercher ta victime,
Et qui, dans son ensemble, exprime
Ce que peut causer ton venin.
Quoi! tu frémis, tu gesticules,
Et, dans ton dépit, tu recules
En lisant ce que je t'écris!
D'abord ta vengeance m'appelle;
Mais, en chien de Jean de Nivelle,
Je suis sourd à ce que tu dis.
Je lis avec le télescope,
Qui me fit voir ton horoscope,
Ce qui se passe dans ton cœur;
Mais j'en ris au fond de mon ame,
Et plus ta colère s'enflamme,
Plus je te parle sans frayeur.
J'en veux à cette langue aiguë,
Dont le mouvement blesse et tue
Le coupable avec l'innocent,
Quand, dans l'accès de ton caprice,
Sans songer à ton injustice,
Tout te déplait infiniment.
Holà! madame Proserpine!
Que veut donc dire cette mine?
Consulte vite ton miroir;
Vois comme le rouge te monte.
Ne dois-tu pas mourir de honte
D'être ainsi dans le désespoir?

Quoi donc! la vérité te choque!
Tant pis pour toi; mais je m'en moque,
Mon état est moins dangereux.
Depuis long-temps cette bordée
Troublait mon cœur et ma pensée;
Je la lâche, et m'en trouve mieux.
En vain dans tes yeux de vipère
Tu peins ton fiel et ta colère,
En vain tu tonnes à l'instant,
Je ne crains rien, quoi qu'il arrive;
Soit que je meure ou que je vive,
Je t'ai dit vrai; je suis content.
Mais, comme j'aime ton bien-être,
Pour calmer ton mal, je veux mettre
Un peu de baume d'amitié.
Chut donc, petite lutine,
Cesse de faire la mutine;
De tes malheurs je prends pitié.
Je jure, le jour de ta fête,
D'être désormais plus honnête,
Si je te trouve sans défauts;
Mais la chose étant impossible,
Mon cœur délicat et sensible
Prévoit encore bien des maux.
N'importe : pourvu que tu passes
Tes jours à l'abri des disgrâces,
Je jouirai d'un vrai plaisir,
Et, si mon procédé t'étonne,
Imite ta sainte patronne,
Souffre ou préfère de mourir.

Tire parti de ma harangue,
Emousse tant soit peu ta langue,
Dont les coups sont si dangereux :
Par là, je connaîtrai, sans doute,
Que tu veux suivre une autre route;
C'est le plus ardent de mes vœux.
Que tes yeux reprennent leurs charmes;
Il est temps que tu les désarmes :
Cette bourrasque-là n'est rien ;
Et si quelque diable t'excite,
Songe en toi-même tout de suite
Que ces avis sont pour ton bien.
Si l'amour-propre veut répondre,
Tout aussitôt, pour le confondre,
Sans qu'il puisse tergiverser,
Dis : Honni soit qui mal y pense !
Je suis sûre de la constance
De l'objet qui veut m'agacer.
D'ailleurs, ce que je te conseille
Ressemble à la rose vermeille
Dont les épines te font peur ;
Mais qui, par son odeur suave,
Te peint l'amitié d'un esclave
Qui n'aspire qu'à ton bonheur.

MES ADIEUX

A M. L***.

L***, avant ma dernière heure,
Je veux célébrer ce beau jour ;
Car j'ai bien peur que je ne meure
Avant d'en voir l'heureux retour.
Mon corps n'a plus rien que l'écorce,
Tous les membres en sont souffrans ;
Mais, pour vous, dans toute sa force,
Mon cœur forme des vœux ardens.
Je le sens toujours qui s'enflamme,
Au souvenir de vos bontés ;
Et je suis content que mon ame
N'ait pas perdu ses facultés.
Mes vœux seront plus efficaces,
Et j'espère que le Seigneur
M'accordera toutes les grâces
Que je veux pour votre bonheur.

PORTRAIT DE L'AUTEUR,

PEINT PAR LUI-MÊME, QUELQUE TEMPS AVANT SA MORT.

Ne demandez point mon portrait
A notre vieille de Limoges.
Vous gémiriez à chaque trait,
Dont aucun n'est digne d'éloges.
D'abord, mes yeux sont chassieux,
Leur cornée est toute sanguine.
J'ai l'air tout sombre et sérieux,
Et mon humeur n'est plus badine.
Mon poumon souffle à plein tuyau,
Et je tousse à perte d'haleine,
S'il faut arracher le noyau
Du corps ténace qui me gène.
Depuis long-temps, loin de mon lit
Va voltiger le sieur Morphée,
Et la douleur qui me saisit
Rend ma muse déconcertée.
Ma main gauche perd sa vigueur,
Et tremblotte comme une none,

A l'approche du confesseur,
Qui la connaît mieux que personne.
Enfin, vieille, c'est cette fois
Que, sans regretter la nature,
J'attends que mon tailleur de bois
Vienne pour me prendre mesure.
Déjà, dans un genre nouveau,
J'ai composé mon épitaphe.
Qu'on la mette sur mon tombeau,
Sans l'orner du moindre paraphe :
« *Ci gît un poète joyeux,*
» *Qui n'aima jamais l'épigramme.*
» *Passans, intercédez les cieux*
» *Pour le repos de sa pauvre ame.* »

NOEL PATOIS

(PAR MATHIEU MOREL).

Joyo, joyo per notreis chans !
   Nous n'auren pû de guèro ;
Lou fî de Dy s'ei fa efan.
   Joyo, joyo sur tèro !
Anen, pastours, anen, chantan, fringan,
   N'auren qui, quàuque jour.....
. E fringan-n'en d'enguèro.

Quo n'ei ni gàinas, ni fodour,
   Ni counteis de veliado ;
N'oven ôvi l'embossodour :
   Lo Vierjo sei couchado.
Anen, pastours, n'auren qui, quàuque jour,
   Un brave comorado.

Si nous soun de bous coumponious,
   Anen li fâ visito.
Mâ chossan quis vieis roungounious,
   Quis vieis barbus d'ermito.
Anen, pastours, vivo lous cœurs joyous !
   Quei qui que Dy hobito.

Sajeis soun quis que pourtoran;
    Per me, iau v'en reipounde;
Car, de 'nâ lous bras bolançan,
    Qu'ei se mouquâ dau mounde.
Anen, pastours, quo n'ei mâ 'no ve l'an;
    Fosan que tout abounde.

Tieine pourtoro doux chopous
    Tous nuris de forino;
Au lous o engreissa tous doux
    Chieix meis dî so cousino.
Anen, pastours, lous chopous siran bous;
    Is larden sur l'eichino.

Marchiali pourtoro un moutou
    Qu'ei fa au bodinaje,
Quan un li di, *chicou, chicou,*
    Au se coumo un meinaje.
Anen, pastours, lou chicou, lous chopous
    Foran un boun poutaje.

Piti-Pài pourtoro un chambo
    Ni mài 'no tourtieiro,
E soun fî, lou piti Nambo,
    Doux conars de riviciro.
Anen, pastours, mâ que n'oyan lou bro,
    Nous foren char entieiro.

Per me, pourtorài un goure
    De notro grando troyo :
Lo n'ayo treje chaquo ve,
    Nous n'en fan.fc de joyo,

Anen, pastours, au m'o mordu lou de ;
    Fau qu'au n'en paye l'oyo.

Veiqui venî lou rejauvi,
    Vrài home de boutelio,
Que porto lou po e lou vi,
    Mài dau vi de so trelio ;
Anen, pastours, qu'ouei l'armo dau couvi ;
    N'en fosan pas lo guelio.

Pinar, quèu gran toumbo d'en-hàu,
    Pourto, sou so bastino,
Treis grans gotous en soun denàu
    Pleis de quo que drindino.
Anen, pastours, fosan en li treis sàus,
    E botan lo comino.

Iau vous proteste dovan Dy
    Que iau roumprài lou visáje,
Si quàucun manio au bory,
    Ni mài re dau bogaje.
Anen, pastours, lou pe hors de l'eitry,
    N'entren dî lou vilaje.

En entran dijan : Dy sio cen,
    Mài Dy sio cen, meitresso,
Venei recebre lous presens
    D'uno belo jaunesso.
Anen, pastours, mài vivo lo jozen,
    Vivo lo belo hôtesso.

Mâ vivo, vivo quel efan !
    Ah ! que soun er me charmo !

N'atendan pâ qu'au sio pû gran,
Offran-li cor et armo.
Anen, pastours, lous diableis s'en pendran,
L'anfer ei en alarmo.

De diableis n'en fût-èu pâ mài
Que de grano de vimeis;
Is an jita notreis prumiers pàis
Mài nous dî lous abimeis.
Anen, pastours, oh! quel efan qu'ei lài
Lovoro notreis crimeis.

Ah! moun Dy, que d'ôbligocys!
Coumen vous iau recouneitre!
Nous soumsi pleis de counfusy,
Que nous n'ausen poreitre.
Anen, pastours, au foun, qu'ei notre Dy,
Notre pài, notre meitre.

Treis droleis ribandas de ver,
Lou chopèu soû l'eisselo,
Venen chantâ au libre eiber
Uno chansou nouvelo.
Anen, pastours, fosan treis sàus en l'er,
E botan lo semelo.

Parmi diverses autres pièces en vers patois attribuées à Morel, il en est une intitulée *Dialogue de Picau et de Piaucau*, où nous avons distingué le passage suivant. Les deux interlocuteurs se racontent les événemens qui se sont passés à l'armée et à la cour en 1651 :

Per lor daus peisans atroupas ver lo tour
Voulovan deipei qui jusqu'à notre faubour....
Lous habitans per lor ne-t-e jour fosian gardo;
Má ne couneissian pá à quis pàubreis daudins
Que lous pú grans vouleurs habitovan dedin.
Au l'y 'vio chieis cossous, grans vouleurs e bouns droleis;
Que, per nous mier voulâ, ovian fa treis faus roleis.
  Etc., etc.

Le docteur Morel mourut vers 1704, et fut enterré à Saint-Pierre-du-Queyroix de Limoges.

COMPLIMENT

Fait à M. de la Millière, intendant de Limoges, à son arrivée dans cette ville, en 1751, par un écolier du collège des Jésuites, travesti en paysan Limousin. Il est de Panazol et se nomme Coulaud.

(PAR L'ABBÉ ROBY.)

He be! siràí-iau doun quete jour acouda?
Morbiauça! quo m'einoyo : ei-quo prou chobiarda?
Ei-quo prou eipinga? prou fà votras mouricas?
Prou de *musa lo muso* e de votras musicas?
Quo m'einoyo à lo fi. Be sei-vous delezeis!
Pitis, v'eimâ jingâ, v'eimâ lous eibotoueis.
V'ovei lou po gania sei eicoudre lo jerbo,
E vous sei coràus quan podei jingâ sur l'herbo.
Quo vous possoro be, quo be possa à d'àutreis;
Mà sabei-vous pertan qu'en votreis bèus franceis
Vous pouriâ be einuyâ moussur ni mài modamo,
Que v'òvirian chantâ toujour lo meimo gamo!
Sobei-vous que moussur àimo mier lous peisans
Que tous quis gros seniours, quis grans, quis partisans,
Que venen tous lous jours li fà forço coulodas,
Et bèure de soun vi quàuquas bounas petodas?

PIÈCES DIVERSES.

Qu'ei nous, que notre rei li o tant recoumandas;
Ah! paubro jen, nous soun tant màu acoumodas!
Moussur, v'auriâ pieta si vous vesiâ quo nôtre;
Lou cœur v'en creborio; car couneisse lou vôtre
Boun coumo lou boun po; et quelo rojo-jen
Creze qu'auprei de vous n'auran gàire boun ten.
Pardounâ-me, si au plâ, si n'ài quelo eilingado,
Et agrodâ qu'avei vous fase mo coulado.

(*Ici le paysan fait une révérence gauche et ridicule, et dit:*)

Sabe be qu'à Porî, d'au rei au gran oustàu
Lous seniours de lo cour ne las fan pâ entàu.
Las fan de notre mier; car, moussur, sàu lo vôtro,
Iau sài de Ponozau, ente degu ne môtro,
Coumo dî quiau Porî, fâ lou pe en orei;
Mâ nous saben lauvâ lou boun Dy mài lou rei
De nous boliâ 'n'home d'une si richo talio,
Un home, qu'ouei d'o quo que n'en lèvo lo palio,
Qu'ei riche mài poueissan, mài couvidou, ploseu,
Que rece bien châ se lo quito pàubro jen;
Foro petâ soun fouei sur quelo gozinalio,
Qu'aus deipens daus peisans pretendian fâ ripalio.
Ah! marmo! queto ve nous nous rejauviren,
Et poden nous vantâ d'ovei un intenden.
Au nous meno be àurei uno bravo intendento,
Que n'ei soto ni borlio; ei misto mài plosento.
Moussur notre cure nous disse que sous eis
Luqueten d'esperi coumo doux bèus mireis;
Que lo se dau luti mier que se, ni mài qu'elo,
En fan virâ 'no rodo, olucho 'no chandelo

D'un fe cliar et bien vy : quo sirio be, 'n'autr' àureis,
Si lo voulio oluchâ moun cœur en sous doux eis.
Ah! que Dy lo beneisio, ni mài moussur soun home,
Lour meinado, et surtout quèu piti gentilhome,
Qu'is disen qu'ei tan brave en soun hobi d'hauzar,
Que joqueto deijâ coumo un piti chobiar.
A perpàu de chobiars, n'èn sabe queto annado
Qu'an fa châ nous lour ni : au n'auro 'no nichado,
Mài un jente eicurau, ni mài de notras filias,
Si l'annado n'en balio, un ponier de nousilias.
Per vous, modamo, helâ! que vous bolioren-nous,
Que vous fase plosei, que sio dinie de vous?
Car iau voudrio tan bien vous rendre mous homajeis?
Tenei, notro Margui fài de pitis froumajeis,
Que soun tant bous, tant bous, qu'is disen que lous reis,
S'is n'en ovian tâta, s'en lechorian lous deis.
Lo vous n'en pourtoro, e, per vous fà so cour,
Lo vous n'en chôsiro, modamo, daus meliours;
Mâ, per quèu gran seniour, moussur de lo Milieiro,
Li pourte un onielou, qu'ei dî mo ponetieiro :
Ei pû blan que dau la; ei doû coumo un moutou;
En d'un piti goure, que creze siro bou.

(*Ici le cochon grogne, lorsque le paysan le présente à l'intendant; et le paysan gronde le cochon, en lui disant:*)

He be! qu'ei-quo doun dire en tous ouis, ouis, ouis, ouis!
Te fàu-iau pau, moràu, en tous bèus jinglodis?
Tu te forâ flambâ. Eh! n'â-tu de coucinço,
De jingliâ dovan quèu que reglio lo provinço?

Ercusâ, mounseniour, châ moussurs lous goureis,
Lous pitis mài lous grans ne soun pâ bien apreis.
Ogrodâ quo, tàu meimo, o qu'ouei bien pàu de càuso;
Mà, si au plâ, lou boun cœur foro volei lo chàuso.
Nous ne nous piquen pâ d'uno grando richour,
Mà, tàu que tàu, pertan, nous nous piquen d'hônour.
Lo jen de Ponozau ne passen pâ per chicheis;
Mà que pouriâ-vous fà? pàubreis ne soun pas richeis.
D'enguerâ, mounseniour, dî notro pàubreta,
Nous sirian pû coràus que jens de quolita,
Sei quis dimolardiers de troupo fusilièro,
Qu'au mitan de lo pa venen nous fà lo guèro.
Ah! lo terriblo jen! quis cheis d'auboleitiers,
Be deitranien-t-is bien! mo fe, qu'ei lour meitier;
Mài lou fan mâ tro be : bujodier, bujodieiras,
Archous, gounèus, panlous, chodolies mài culieiras,
Is raclien, bouàifen tout; quis doubleis fis de loueiro
N'empourten dau toupi lo quito cubertoueiro.
Helâ, moun boun seniour, qu'is nous balien d'einei!
N'en fusso-quo pâ mài que grano de vimei!
Vous diràì franchomen : quan jen de tàu piolaje
Sirian un pàu pendus, n'en sirio gro doumaje.
Ah! mounseniour, nous van bien prejà sen Marçàu
Que se mài lou boun Dy vous gardan de tout màu,
Vous fosan prosperâ d'hònour, de beis, de joyo;
Que tous votreis jours sian filas d'or e de soyo;
Que Limojei mài nous peichan dire loun-ten :
Ah! be soun-nous hurous d'ovei quel intenden!

(*Ici le paysan fait sa révérence, et fait semblant de se*

retirer; les écoliers lui crient : Coulaud, des mardis! des mardis! Il revient, et continue :)

A perpàu, mounseniour, m'ôblidavo de dire
Qu'eimandi quis vourmous m'an fa crebâ de rire,
Quan is m'an di : « Coulàu', ayo nous daus dimars. »
Is soun tous, per mo fe, fis coumo daus renars.
Mâ lou ten se perdro? — Oh! is m'an tous proumei
D'eitudiâ lour leiçou, de bien fà lour devei;
Touto quo, tout ei ço, qu'en d'un mou coumo en milo,
Mor-Tulo-Chaucheiroun et lou moràu Virjilo
Sirian countens de is : per vous dire varta,
Creze be qu'au li aurio bien bouno chorita.
Helâ! moun boun seniour, qu'ei vrài qu'an tant poti,
Tout quete hiver, aprei quèu dialie de leti,
Que daus pû eiberbis fài virâ lo cervelo,
Ni mài quauquas de ves fài levà lo penelo :
M'entendei be? tenei : un piti mou de vous
Vài fà, per lou segur, quatre cens bien-hurous;
Car si vous lour tirâ de las mas l'eicritòri,
Tirorei quatre cens armas dau purgotòri.
Quan lour n'en bolioriâ mâ quan quàuquo doujeno,
Is lous pendran, marmo! de votro par, sei peno.
Douje dimars, quei-quo? ne dijei mâ *vaca*,
Et vous veirei coumo is credoran bien *viva!*

PARABOLE

DE L'ENFANT PRODIGUE (1).

(ÉVANGILE SELON SAINT LUC, CHAP. 15.)

1. Jésus dit aux pharisiens et aux docteurs de la loi : Un homme avait deux fils, dont le plus jeune dit à son père : Mon père, donnez-moi ce qui doit me revenir de votre bien. Et le père leur fit le partage de son bien.

2. Peu de jours après, le plus jeune de ces deux enfans ayant amassé tout ce

1. Jeisu disse aus pharisiens et aus dotours de lo lei : Un home ogue doux droleis ; lou pû jaune de is disse au pài : Pài, boliâ-me lo par de denado que me reve ; et au partigue so besunio entre is.

2. E pàu de ten aprei, lou pû jaune drole, aprei 'vei assembla tout ce qu'au 'vio,

---

(1) Quoique cette pièce semble sortir du cadre que nous nous étions tracé, cependant nous n'avons cru pouvoir nous refuser à la demande que plusieurs souscripteurs nous ont faite, de l'insérer dans ce recueil.

s'en one dî lous poïs eitranjers, et aqui au minje so denado, tout en viven en dessolu.

3. Quan au 'gue tout choba, quo vengue 'no grando fomino dî quèu poï, et quèu drole coumence à junâ.

4. Au s'en one, e se luje à d'un citoyen de quèu poï, que lou renvouye dî so meitodorio gardâ sous pors.

5. E au aurio vougu se repâtâ de las colofas que lous pors minjovan, e degu li boliavo re.

6. Au se pense en se meimo, e disse : Las monobras que soun châ moun pài soubren lou po, e iau mère de fan !

7. Me vau levâ, m'en irài châ moun pài, et li

qu'il avait, s'en alla dans un pays étranger fort éloigné, où il dissipa tout son bien en excès et en débauches.

3. Après qu'il l'eut tout dépensé, il survint une grande famine dans ce pays-là ; et il commença de tomber en nécessité.

4. Il s'en alla donc, et s'attacha au service d'un des habitans du pays, qui l'envoya dans sa maison des champs pour y garder les pourceaux.

5. Et là il eût été bien aise de remplir son ventre des écosses que les pourceaux mangeaient ; mais personne ne lui en donnait.

6. Enfin, étant rentré en lui-même, il dit : Combien y a-t-il, chez mon père, de serviteurs à gages qui ont plus de pain qu'il ne leur en faut, et moi je meurs ici de faim !

7. Il faut que je parte, et que j'aille trouver mon

père, et que je lui dise : Mon père, j'ai péché contre le ciel et contre vous.

8. Et je ne suis plus digne d'être appelé votre fils : traitez-moi comme l'un des serviteurs qui sont à vos gages.

9. Il se leva donc, et vint trouver son père : et lorsqu'il était encore bien loin, son père l'aperçut, et en fut touché de compassion ; et courant à lui, il se jeta à son cou, et le baisa.

10. Son fils lui dit : Mon père, j'ai péché contre le ciel et contre vous, et je ne suis plus digne d'être appelé votre fils.

11. Alors le père dit à ses serviteurs : Apportez promptement la plus belle robe, et l'en revêtez ; et mettez-lui un anneau au doigt et des souliers à ses pieds.

12. Amenez aussi le veau

diràï : Pài, ài pecha countre lou cèu et dovan vous.

8. Ne merite pâ d'essei pela votre drole : fosei-me coumo à d'uno de votras monobras.

9. Au se leve e vengue ver soun pài : au èro d'enguerà louen, quan soun pài lou vegue, que teucha de pieita, courgue ver se, li saute au cau et lou beije.

10. Lou drole li disse : Pài, ài pecha countre lou cèu e dovan vous, ne merite pâ d'essei pela votre efan.

11. Mâ lou pài disse à sous valeis : Pourtâ vite lou meliour hobi ; biliâ-lou, boliâ-li un onèu à sous deis et daus souliers à sous peis.

12. Menâ lou vedèu grâ,

tuâ-lou ; minjan-lou, et eibotan-nous.

13. Car moun drole qu'ei qui èro mor, e au ei revicoula, au se perdio, e au ei retrouba. E is coumencèren à s'eibandî.

14. Mâ lou pû viei drole èrio per lous chans, e coumo au venio, e se preimavo de châ se, au ôvigue chantâ et fanfouniâ.

15. Au opele un daus valeis, e au li disse : Quei à quo ?

16. Au li reipounde : Votre frài ei tourna, e votre pài o tua lou vedèu grâ per se rejauvî de ce que au èro tournâ sanchier.

17. Mâ au s'eifunigue, e ne voulio pâ entrâ ; lou pài soligue e lou n'en preje.

18. Mâ se reipounde à soun pài : Veiqui bien

gras, et le tuez : mangeons et faisons bonne chère.

13. Parce que mon fils que voici était mort, et il est ressuscité ; il était perdu, et il est retrouvé. Ils commencèrent donc de faire festin.

14. Cependant son fils aîné, qui était dans les champs, revint ; et lorsqu'il fut proche de la maison, il entendit les concerts et le bruit de ceux qui dansaient.

15. Il appela donc un des serviteurs, et lui demanda ce que c'était.

16. Le serviteur lui répondit : C'est que votre frère est revenu ; et votre père a tué le veau gras, parce qu'il le revoit en santé.

17. Ce qui l'ayant mis en colère, il ne voulait point entrer dans le logis ; mais son père étant sorti, commençait de l'en prier.

18. Sur quoi prenant la parole, il dit à son père :

PIÈCES DIVERSES.

Voilà déjà tant d'années que je vous sers, et je ne vous ai jamais désobéi en rien de ce que vous m'avez commandé; et cependant vous ne m'avez jamais donné un chevreau pour me réjouir avec mes amis.

19. Mais aussitôt que votre autre fils, qui a mangé son bien avec des femmes perdues, est revenu, vous avez tué pour lui le veau gras.

20. Alors le père lui dit : Mon fils, vous êtes toujours avec moi, et tout ce que j'ai est à vous.

21. Mais il fallait faire festin et nous réjouir, parce que votre frère était mort, et il est ressuscité; il était perdu, et il est retrouvé.

dau ten que vous serve, que ne vous ài jomài deoboï en re, e vous n'ovei jomài 'gu lou cœur de me bolià un quite chobri per que m'eibandigue coumo mous comorodas.

19. Mâ quan votre drole qu'ei qui ei tournâ, aprei 'vei minja touto so denado coumo las guèusas, vous ovei tua lou vedèu grâ.

20. Mâ lou pài li disse : Piti, tu sei toujour coumo me, tout ce que i'ài ei tèu.

21. Mâ au foulio bèure, minjâ e s'eibandî, perce que toun frài qu'èro mor ei revicoula; au èro perdu, e au ei retrouba.

FIN DU SECOND ET DERNIER TOME.

TABLE

DES MATIÈRES CONTENUES

DANS LE TOME SECOND.

CHANSOUS.

Las Vinias jolodas,	page 1
L'hurouso Jardinieiro,	4
Moun cœur per mo barjeiro,	7
Morioto, veiqui l'eicliarsieiro,	9
Votreis sei châ de bravo jen,	11
Queto ve qu'ei votre tour,	12
V'ovei, per troumpâ l'espioun,	14
V'aimà votre be de campanio,	15
N'autras que soun sei pretency,	16
Treis sœurs que v'àimen tendromen,	17
Ah! planiei lou pàubre Panchei,	19
Iau voudrio bien prou countentâ,	21

TABLE.

PEÇAS DIVERSAS.

Eipigramo. Un medeci domando à lo gardo, page	23
— Me sài brisado lo cervelo!	24
— l'àimorio tan ètre vicari,	*Idem.*
Reflecys,	25
Coumplimen à M. Richard, frài de l'autour,	26
Inscricy per un cementèry,	29
Reflecy de l'autour.	*Idem.*

POESIAS SOCRODAS.

NODAUS.

Sur lo neissenço de Jeisu-Cri,	30
Barjers, vous mouquâ vous de Dy	34
Pastours, à bèus quatre sàus.	36
Barjers, lou pû bèu jour nous ve,	41
Barjers, reveliâ-vous,	43
Ah! barjers, qualo eicliarsieiro,	46
Barjers, vivo lo joïo!	49
Barjers, quàu councer nouvèu,	52
Tan que tout soumelio,	55
Anen, barjers, fourman un cœur,	59
Chantan victôrio!	61
Qualo ne, braveis coumponious,	66
Reveliâ-vous, bravo jaunesso,	68
Revelio-te, brave pastour,	71
Tout s'eivelio di lou cartier,	73
Nous soun au ten : bouno nouvèlo,	75

TABLE.

Vivo Jeisu notre Sauveur! page	77
Dy porei pû favorable,	79
Aprei tant de soupirs,	82
Cantique per lo purificocy de la Vierjo,	85

POÉSIES FRANÇAISES.

POÉSIES SACRÉES.

NOELS.

Dialogue patois et français,	89
— entre deux bergers,	93
La nuit de son voile sombre,	97
Quel prodige s'opère!	99
Chantez et célébrez,	101
J'entends là-bas dans la plaine,	104
Bergers, sortez de vos retraites,	106
Peuples, criez victoire!	108
Partons, quelle heureuse nouvelle!	111
O grand Dieu, quelle veille!	113
Bergers, que vous êtes heureux!	116
Vous qui naissez pour les pécheurs,	118
Au Tout-Puissant rendons honneur et gloire,	120
Un Sauveur vous est donné,	123
Pour le jour de l'Épiphanie,	126
Cantique de sainte Agathe, vierge et martyre,	128
— De saint Alexis,	131

HYMNES.

A saint Martial, apôtre d'Aquitaine,	page 136
A saint Pierre, apôtre,	138
A sainte Valerie,	140
Déjà sur la voûte azurée,	143
A saint Joseph,	145
A sainte Marie-Magdelaine,	147
A saint Etienne, premier martyr,	149
A saint Jean-Baptiste,	150
Elevé sur notre hémisphère,	153
Le jour, dans sa chute rapide,	154
Les bords du Jourdain retentissent,	155
De la veille de Noël,	157
A saint Jean-Porte-Latine,	159

BOUQUETS.

Bouquet pastoral donné par Jeanet, Marine et Mariette à leur père et à leur aïeul,	161
Bouquet maternel donné par Mariette, Nanci, Guillot, Victor, Louis, à leur mère,	169
Bouquet présenté par Mariette, Nanci, Guillot, Victor et Louis,	178
Bouquet de famille donné par Mariette, Nanci, Guillot, Victor et Louis,	187
Bouquet symbolique en un acte,	192
Bouquet présenté par deux frères et une sœur à Catherine, leur mère,	202
Bouquet de l'auteur à sa cousine,	206

TABLE.

Bouquet d'un jeune enfant à sa mère,	203
Bouquet à un père infirme,	209
Bouquet à un père et à un grand-père,	212

CHANSONS.

Les Ridicules,	214
O nœuds que l'amitié resserre,	216
A deux jeunes époux,	218
Je t'aime bien, Lise, c'est sans détour,	219
Pour un mariage,	220
A deux jeunes époux,	221
Une amie à son amie, un jour de départ pour la campagne,	223
A deux époux,	224
Couplet à Lisette,	225
Pour Agathe,	226
Le Bonheur champêtre,	228
L'aîné des amours voyageait,	231
Soyez, Manète, pleine de candeur,	232
Un borgne sur la place,	233
Sur une rose naissante,	234
Le Larcin,	235
Si la rose à son aurore,	236
Petits oiseaux, le printems vient de naître,	237
Le Jeu de Piquet,	238
Mes amis, vidons la bouteille,	239
J'ai dix-sept lustres bien comptés,	240
La pâle mort, au front d'airain,	241
Une rose s'ouvrait à peine,	243
Le Corbillard,	244

PIÈCES DIVERSES.

Épître à ma chatte,	246
Contrat,	248
Élégie,	250
Mes adieux,	254
Portrait de l'auteur, peint par lui-même,	255
Noël patois (par Mathieu Morel),	257
Compliment fait à M. de la Millière, intendant de Limoges (par l'abbé Roby),	262
Parabole de l'Enfant prodigue,	267

FIN DE LA TABLE.

LISTE

DE MM. LES SOUSCRIPTEURS.

MM.

ALLOUVEAU-DE-MONTRÉAL, substitut du procureur du roi.
ALLUAUD aîné, négociant.
ALLUAUD cadet, négociant.
ARDANT-DE-LA-GRENERIE, propriétaire à Meillars.
ARDANT aîné, secrétaire général de la préfecture.
AUDEVAL, receveur général du département.

BAJU, notaire royal.
BARDY, notaire royal.
BARNY, pharmacien.
BEAUBRUN, confiseur, place des bancs.
BEAUFORT, de Saint-Léonard.
BEAURE, de Saint-Léonard.
BETOULLE cadet, géomètre.
BONNIN, métallurgiste.

Bonnin, Celse, de Bussière-Boffi.
Boudet aîné, négociant.
Bourdeau, procureur général à la cour royale de Rennes.
Bourdeau-Julliac, adjoint à la mairie.
Bureau, Jean-Baptiste, marchand de bois.
Burguet-de-Chauffaille, maire de Coussac-Bonneval.

Carboyneau-Lagasne, maire et notaire à St-Yrieix-Sous-Aixe.
Castelnaud, entreposeur à Rochechouart.
Chabot, maître de musique.
Chaplet père, de Saint-Léonard.
Charpentier, ex-directeur des contributions directes.
Commerce, peintre en porcelaine.
Coudert-de-Sardent, médecin.
Couty, maire de Nantiat.
Cramaille aîné, négociant.
Cramouzaud, chanoine de la cathédrale.
Cramouzaud, Melchior, fils aîné, d'Eymoutiers.
Cramouzaud-du-Fermigier, d'Eymoutiers.
Cramouzaud-de-Beaulieu, d'Eymoutiers.
Cruveilhier fils, médecin.

Dachés, inspecteur de l'enregistrement.
Dauriat fils, imprimeur.
David père, conseiller à la cour royale de Limoges.
Debrettes, de la Barre, propriétaire.
De Chabacque, contrôleur des contributions.
De Crossas, graveur.

DELILLES, propriétaire au Buisson.
DELORT, conseiller à la cour royale de Limoges.
DELOR frères, négocians.
DELURET-DE-FEIX, propriétaire.
DELURET, boulanger.
DEMARTIAL, fils aîné, négociant.
DEMONDION, propriétaire.
DEPEIX, médecin à Eymoutiers.
DESCHAMPS jeune, teinturier.
DESJACQUES, curé d'Arnac.
DÉSILLES, juge au tribunal de première instance.
DE VERNEILH-PUIRASEAU, conseiller à la cour royale de Limoges.
DE VERNEILH (le chevalier), chef de bataillon.
DEVILLE, marchand.
DISNEMATIN-DE-SALLES-DE-BEAUREGARD, président du tribunal de commerce.
DISNEMATIN-DE-SALLES, maire de Boisseuil.
DISNEMATIN-DE-SALLES jeune, négociant.
DUBOYS, Martial, aîné, négociant.
DUBOYS-LOMBARDIE, juge de paix du sud.
DUBOYS, pharmacien.
DUBOIS, notaire à Bujaleuf.
DUBOIS cadet, percepteur à Bujaleuf.
DULAC, avocat et maire d'Eymoutiers.
DUMAS père, avocat.
DUMAS fils aîné, banquier.
DUMAS, chirurgien.
DUMAS, curé de Saint-Laurent-les-Eglises.
DUMAS, commis à la recette générale.

Dumont-Saint-Priest, avocat.
Dumuraud aîné, de Saint-Léonard.
Dupré, instituteur.
Dupré fils aîné, négociant.
Dupuy, maréchal-de-camp.
Dupuy, ex-contrôleur principal des contributions indirectes.
Durand-Richemont père, propriétaire.
Durand cadet, marchand de bois.
Dutour, marchand de vin.
Dutreix aîné, géomètre.

Farne, maire d'Aureil.
Faure, peintre en porcelaine.
Faye, médecin.
Félix, secrétaire à la préfecture.
Forest-de-Faye, de Plénartige.
Fournet, de Saint-Léonard.
Fournier, architecte.
Francez, Émile, négociant.

Gandois, huissier.
Garaud cadet.
Gardet, ex-inspecteur de l'académie.
Gaultier-du-Marache, d'Eymoutiers.
Gay-du-Palland, de Saint-Léonard.
Gioux, maire de Rempnat et Villeneuve.
Gonneau, Faustin.
Grellet-Fleurelle, propriétaire.
Grateyrolle, Léon, capitaine.
Grobra, négociant.

Guérin aîné, conseiller de préfecture.
Guérin-Lézé, notaire royal.
Guibert, capitaine, et directeur du dépôt de mendicité.
Guibert-Romanet, négociant.
Guineau-Dupré, maire du Chatenet.
Guiot-du-Dognon, curé de Blond.
Henriot, proviseur honoraire.
Javaud, porcelainier.
Jayac-Lagarde, juge de paix du nord.
Jourdan (le comte), maréchal et pair de France.
Juge-Saint-Martin aîné, propriétaire.
Juge-Saint-Martin jeune, propriétaire.

Labastide (le baron de), maire de Limoges.
Labiche-de-Reignefort, chanoine théologal.
Lachaud-de-Laurier, propriétaire à la Barre.
Laforest frères, négocians.
Lamontagne, fabricant de creusets.
Lamy-Lachapelle, conseiller à la cour royale de Limoges.
Lamy jeune, négociant.
Lapeyrère, marchand.
Laquintenie, Victor, peintre en porcelaine.
Larue père, marchand de bois.
Larue fils aîné, } Élèves de l'auteur.
Larue jeune,
Legay, fabricant de porcelaine.
Le Petit, secrétaire à la préfecture.
Lingaud père, propriétaire.

Malevergne-de-Lafaye, notaire royal.
Malevergne-Fressiniat, juge de paix d'Ambazac.
Malinvaud fils, propriétaire.
Mandons-Fargeas, des Salles-Lavauguyon.
Marbotin, négociant.
Martin, Paul-Esprit.
Martin, fabricant de bière.
Mazard, médecin.
Mazerieux, curé de Nexon.
Meytadier, curé de Cheronnac.
Montégut l'aîné, négociant.
Mousnier-Buisson, procureur général à la cour royale de Bourges.
Mousnier aîné, avoué.

Nanot, maire de Panazol.
Navières-de-Laboissière, professeur.
Noualhier-de-Laborie, négociant.
Noualhier-Masbatin, négociant.

Patier père.
Patier, Léon, avocat.
Paute, fabricant.
Perier fils aîné.
Perier, du Moulin-de-Barthou, près Eymoutiers.
Petiniaud-Champagnac, négociant.
Petiniaud-Dubos, négociant.
Peyrat, marchand de bois.
Peyrusson, de Saint-Léonard.
Pichon, chirurgien.
Plainemaison fils, géomètre.

Poncet-des-Noualhes, propriétaire.
Pradeau, curé de Panazol.
Puinesge, percepteur de Monterol-Senard.
Ravaud, marchand.
Reculés ainé, pharmacien.
Ribière, curé de Saint-Priest-Ligoure.
Rigonaud, propriétaire.
Robert-de-Rigoulène, de Saint-Léonard.
Romanet, maréchal-de-camp.
Romanet-du-Caillaud, négociant.
Romanet, Antoine, propriétaire.
Romanet-de-Beaune, d'Eymoutiers.
Roulhac (le baron de), président honoraire à la cour royale de Limoges.
Roulhac-Monthely, propriétaire.
Société royale d'Agriculture de Limoges.
Soulignac, négociant.
Talabot, Auguste, avocat.
Tarneaud fils, place des Bancs.
Tarneaud, fabricant de bière.
Tavernier, médecin à Eymoutiers.
Tharaud-Périgord, veuve.
Theurey, directeur de l'enregistrement.
Thevenin jeune, père, propriétaire.
Thevenin, Jérémie, fils cadet, négociant.
Tristan-de-l'Hermite, directeur de la poste aux lettres.
Tunis, notaire à Eymoutiers.
Vaugelade-Duplantier, négociant.

AVIS.

MALGRÉ les plus exactes recherches, nous n'avons pu parvenir à nous procurer la traduction en vers patois des *Bucoliques* de Virgile, qui faisait partie des œuvres de l'abbé Richard. Elle existe cependant, et nous ne pouvons que blâmer l'indifférence ou plutôt l'égoïsme des personnes qui n'ont pas voulu en faire jouir leur concitoyens. Le naturel et la naïveté qui caractérisent les autres écrits de notre auteur nous font sentir encore davantage la perte que nous avons faite. Si, dans la suite, nous sommes assez heureux pour découvrir le manuscrit, nous nous empresserons de l'imprimer dans le même format et avec le même caractère que celui que nous livrons aujourd'hui au public.

www.ingramcontent.com/pod-product-compliance
Lightning Source LLC
Chambersburg PA
CBHW070741170426
43200CB00007B/609